JENS JESSEN

DER DEUTSCHE

ZU KLAMPEN

Reihe zu Klampen Essay
Herausgegeben von
Anne Hamilton

Jens Jessen,
geboren 1955 in Berlin, arbeitete
nach dem Studium der Germanistik und
Kunstgeschichte in Berlin und München
zunächst als Verlagslektor, dann als Reise-
redakteur, Feuilletonredakteur und Berliner Korrespondent bei der »Frankfurter
Allgemeinen Zeitung«. 1996 wurde er
Feuilletonchef bei der »Berliner Zeitung«,
2000 dann bei der »ZEIT«. Seit 2012 ist
er im Feuilleton der »ZEIT« Redakteur
ohne besondere Aufgaben. Immer wieder hat er an Universitäten unterrichtet.
Zu seinen Buchveröffentlichungen gehören »Deutsche Lebenslügen« (2000) und
der Roman »Im falschen Bett« (2014). Bei
zu Klampen ist von ihm der Essayband
»Was vom Adel blieb. Eine bürgerliche
Betrachtung« (2018) erschienen.

JENS JESSEN

Der Deutsche

Fortpflanzung, Herdenleben,
Revierverhalten

zu Klampen ESSAY

Inhalt

Meae – contendere noli –
stultitiam patiuntur opes

Horaz, Briefe I, 18

Robinson

STELLEN wir uns einmal vor, nur zum Vergnügen und um uns für den Anfang etwas Schönes vorzustellen, ein Deutscher – der prototypische[1] Deutsche – würde auf einer einsamen Insel ausgesetzt, ganz für sich allein und auf sich gestellt. Wie würde er sich dort behaupten? Wahrscheinlich sehr gut. Auf jeden Fall geschickt, erfinderisch, aus allen Quellen seiner Tapferkeit, Bedürfnislosigkeit und technischen Begabung schöpfend. »Dem Ingenieur ist nichts zu schwör!« Im übrigen ist er ein Hungerkünstler und unterwirft sich gerne den Umständen. Eine Fülle sinnreicher Installationen wird bald die Insel überziehen. Die Hängematte aus Lianen oder dem Bast eines exotischen Baumes ist eine ganz neuartige, kühne Konstruktion; in der Zivilisation könnte man sie zum Patent anmelden, und das denkt sich dieser deutsche Robinson auch; er guckt dabei recht pfiffig. Ein Meisterstück ist ebenso die Leitung vom Wasserfall direkt in seine Höhle; da

---

1 Hier und im folgenden ist selbstverständlich immer nur von dem prototypischen Deutschen oder, in Max Webers Diktion, von einem Idealtypus die Rede, der keine Ähnlichkeit mit real lebenden Personen haben *muss*. Wohl aber *kann*. Der Idealtypus ist eine Abstraktion, die die in einer Gruppe vorherrschenden Eigenschaften steigert und summiert.

kann er sich gleich morgens waschen, »erfrischen« nennt er das.

Er stellt Fallen, lernt aber auch, Termiten zu essen, und zähmt sich ein Wildtier, Waschbär oder Totenkopfäffchen, gleichviel. Vielleicht ein Gürteltier, das er am Termitenhügel kennengelernt hat. Mit dem spricht er dann. Man kann ja nicht nur Selbstgespräche führen. Der Deutsche fürchtet sich nämlich, wunderlich zu werden, und erschrickt bei seinem Anblick im Spiegel eines Baches.

Manchmal schaut er beim Sonnenuntergang aufs Meer hinaus und empfindet die berühmte Wehmut, für die es kein Wort in einer anderen Sprache gibt. Er genießt die Traurigkeit, die keine banale Sehnsucht nach Heim und Familie ist. Manchmal denkt er auch voller Hass an Frau und Arbeitsplatz. Die Insel ist jetzt meine Heimat, denkt er dabei und vielleicht mit einer gewissen schönen Bitterkeit. Vielleicht lässt er sogar das Schiff vorüberziehen, das eines Tages in Schwimmweite auftaucht. Vielleicht ergreift er aber auch die Chance, doch weniger zur Rettung, als um zu Hause einen Bestseller über sein Survival-Erlebnis zu schreiben. Wir haben sogar, während wir uns die Robinsonade vorstellen, sehr stark das Gefühl, diesen Bestseller schon einmal gelesen zu haben. –

Und jetzt stellen wir uns die entgegengesetzte Szenerie vor – dieser Deutsche, nehmen wir an, würde genauso rücksichtslos und unvorbereitet an einem gesteigert geselligen Ort, sagen wir: einer eleganten

Dachterrassenbar in São Paulo, ausgesetzt werden. Wie würde er sich dort schlagen? Wahrscheinlich weit weniger glücklich. Höchstwahrscheinlich sogar unrühmlich, von Fettnäpfchen zu Fettnäpfchen tapsend, ohne Sinn und Respekt für sein Gegenüber, als Tanz- wie Gesprächspartner kein Vergnügen, ohne erotische Fortune, erst schüchtern, dann alkoholisiert lärmend. Vielleicht wird er sich auch still und verdruckst davonschleichen. »Also, diese Brasilianer ...«, wird er am Telefon sagen, zu Hause vom Hotelzimmer aus anrufend, Amüsiertheit vorspiegelnd, Enttäuschung verbergend.

Die gesellige Unbeholfenheit ist kein neuer Befund. Er hat im Gegenteil seit Jahrhunderten einen festen Platz in der europäischen Kulturgeschichte.[2] Zur Ehre des Deutschen muss allerdings gesagt werden, dass er sich seiner Gehemmtheit – »Blödigkeit« war das Wort dafür im 18. Jahrhundert – immer bewusst war. Ein Landsmann, der sich bravourös auf internationalem Parkett und in weiblicher Gesellschaft bewegen konnte, wurde als Ausnahme bewundert, heimlich beneidet, noch heimlicher gehasst – »einen halben Franzosen« nannte man ihn dann. Auch Don Juan hatte keinen deutschen Pass. Der Deutsche als Deutscher kannte seine amourösen

---

2 In den Memoiren des Herzogs von Saint-Simon findet sich ein wunderbares Porträt der Liselotte von der Pfalz am Hofe Ludwigs XIV., die er stereotyp, wenn auch voller Hochachtung, als typische Deutsche bezeichnet: wegen ihrer rustikalen Gestalt und der Ruppigkeit ihrer Umgangsformen.

Grenzen stets gut; das sprach für sein Selbstbewusstsein, tat diesem jedoch trotzdem nicht gut.

Aber warum denken wir uns den Deutschen eigentlich als Mann? Das ist eine abgründige Frage, vielleicht unwillkürlich aufschlussreich. Die spontane Antwort lautet: Weil wir ihn uns wahrscheinlich nur als Mann so selbstgenügsam, fast autistisch vorstellen können, geschickt im Umgang mit Dingen und auch mit sich selbst, ungeschickt gegenüber anderen, vor allem Fremden, wenig biegsam und alles andere als ein genialer Plauderer.[3] Von Frauen erwartet man mehr soziales Talent, Kommunikationsfähigkeit, Unbefangenheit, Beweglichkeit. Möchte man sich überhaupt eine steife, unbeholfene Frau vorstellen? Das möchte man nicht – und das zeigt, auf welchem Terrain wir uns hier bewegen: auf dem der Vorurteile, Geschlechterstereotypen, Projektionen und Wunschbilder. Und natürlich will sich der Autor dieser Zeilen auch nicht ungalant zeigen. Deshalb nur um der Wahrheit willen und unter Hintanstellung aller Idealisierungen die Frage: ob vielleicht die deutsche Frau ganz andere Eigenschaften habe als der Mann?

Nein, hat sie nicht. Auch sie wäre in der Wildnis ungeheuer erfindungsreich, tapfer, praktisch – eben

---

3 Den amüsanten Causeur, wie ihn Fontane in seinen Romanen auftreten lässt und wie er selber einer war, gibt es selbstverständlich auch noch, aber selten, sehr selten. Hier geht es nur um den Durchschnitt; das ist das Ungerechte an allen phänomenologischen Ansätzen.

wie der Mann, nur vielleicht weniger romantisch. Auch sie ist in Gesellschaft nicht die brillanteste, oft schüchterner und zurückhaltender, als ihr guttut. Es gibt deutsche Frauen, die sehr schön sind – spektakuläre Schönheiten – und sich doch so benehmen, als seien sie es nicht. Ihr Gang ist nicht der Gang einer schönen Frau, sie setzen sich nicht wie eine schöne Frau, sie biegen nicht den Hals oder schlagen die Wimpern nicht nieder, wie es möglich wäre, und bewegen die Lippen im Gespräch nicht, wie es solche Lippen gebieten müssten. Manchmal stolpern sie sogar beim Weg an die Bar. Die Stilettos, die sie tragen, sind ihnen irgendwie fremd. Sie sind nur gekauft, manchmal mit sehr viel Geschmack gekauft, aber kein integraler Bestandteil ihres Wesens. Diese Frauen treten zeitlebens wie ein Teenie auf, der zum ersten Mal die Ausgeh-Rüstung angelegt hat, oder wirken jedenfalls ganz sachlich, als gebe es gar nichts zu gucken und schon gar nichts zu zeigen. Und das ist keine Verstellung: Sie sind wirklich ganz sachlich. Auf keinen Fall wollen sie berechnend erscheinen, und zwar so wenig, dass sie tatsächlich nicht berechnen, wie sehr sie auffallen und um wieviel mehr sie auffallen könnten, wenn sie nur ein kleines bisschen übten, in den Stilettos zu gehen.

Die Deutsche ist generell kein »Weibchen«, das müsste man loben, muss aber kein Vorteil sein, vor allem, wenn sie auf die altmodisch noch voll ausgebildeten Weibchen anderer Nationen trifft. Das sind dann »Schlangen«. Die deutsche Frau wird, ebenfalls von der brasilianischen Dachgartenparty enttäuscht, aber auch sonderbar erregt und leider folgenlos animiert, beim Heimatanruf sich über »diese Latino-Frauen« mokieren, »nein, wirklich, dieses Getue ... wie sie da herumstelzen ... das ist ja fast schon Prostitution ... oder gefällt dir so was?« Der Ehemann oder der Sohn, mit dem sie telefoniert, bestreitet das natürlich.

Vor allem neigt die deutsche Frau – die prototypische Deutsche natürlich nur – zur moralischen Abwertung anderer Frauen. Um Anstoß zu nehmen, reichen ihr unter Umständen schon auffällige Gepflegtheit – demonstrative Gepflegtheit –, elegante Kleidung, die auch als solche getragen wird – anderen bewusst vermittelnd, dass sie gerade eine sehr chic gekleidete Frau sehen –, angenehme Bewegungen, gefällige Konversation, nette Komplimente: also alles, was den Wunsch verrät zu gefallen.

In gesteigert deutschen Milieus, nämlich in linksalternativen oder grünen Zusammenhängen, können schon rasierte Achselhöhlen oder Seidenstrümpfe äußerste Missbilligung erregen. Unter ganz harten Vertreterinnen tugendhafter Reinheit ist sogar der Gebrauch von Deodorants verpönt (von Parfüm, Lippenstift, Make-up ganz zu schweigen). Sie finden das »unnatürlich«.

Die Verehrung des Natürlichen ist eine ideologische Konstante im deutschen Seelen- und Gesellschaftsleben, sie findet sich in allen politischen Lagern, im linken wie im rechten wie im liberalen, und ist gewissermaßen die Mutter aller Querfronten.[4] Sie vor allem wird uns im folgenden noch sehr beschäftigen, weil der Natürlichkeitskult die Anfälligkeit für autoritäre Lösungen begründet und alle Diktaturen der Vergangenheit getragen hat.

Für die Deutschen ist Natur eine große Sache, nicht einfach nur »Umwelt« oder das vor aller Zivilisation Gegebene, sondern Norm und Ideal. Und nirgendwo auf der Welt ist diese »Natur« so wenig Natur. Sie ist Dogma – eigentlich ein Tugendkatalog, etwas vollkommen Ausgedachtes und Erkünsteltes. Und doch erweist sich der Deutsche, wenn er in die wirkliche Natur, in die Wildnis oder kaum entwickelte Landstriche, versetzt wird, darin erstaunlich lebensfähig, gegen jede Regel. Denn in der Regel scheitern die Begegnungen mit dem Ideal, jedenfalls wenn es sich um die reale Besiedlung des verklärten Raumes handelt, also etwa des revolutionären Kuba oder Nicaragua, in dem sich die deutschen Polittouristen gar nicht so wohl fühlten.[5]

---

4 Wieder aktuell gewordener Begriff der Zwischenkriegszeit, der das politische Zusammengehen entgegengesetzter Lager bezeichnet, meist auf einer ideologischen Nähe ihrer extremen Ränder beruhend. So gab es damals taktische Zweckbündnisse zwischen Kommunisten und Nationalsozialisten, heute der Flüchtlingsfeinde in SPD und AfD. Der gemeinsame Nenner ist die Sorge um den »kleinen Mann«.

5 In einer denkwürdigen Debatte vor dem Internationalen PEN hat Mario Vargas Llosa 1986 Günter Grass vorgeworfen, den lateinamerikanischen Ländern linke Diktaturen zu empfehlen, die

Aber in der Zivilisationsflucht der Deutschen steckt ausnahmsweise eine richtige Intuition. Wunderbarerweise ahnen sie zu Recht, als Robinson eine bessere Figur zu machen als in der geselligen Konkurrenz. Die Wälder schweigen, die Waffen schweigen, nur die Erde dampft. Ist der Deutsche der Affe unter den Menschen? Vielleicht bedarf es mehr Aufwand, um den Robinson in der deutschen Frau zu entdecken als im Wesenskern des Mannes, den man dazu nur als Heimwerker, verbissenen Jogger oder maulfaulen Wissenschaftler erleben muss. Aber auch an der Frau ist jener Eskapismus, eine gewissermaßen kreatürliche Menschenfurcht zu beobachten. Würde sie sich nicht am liebsten mit ihrer Brut in die Sicherheit einer Astgabel zurückziehen? Und wie um unsere These zu erleichtern, hat es die Emanzipation mit sich gebracht, dass die Deutsche neuerdings ebenfalls als verbissene Joggerin, versponnene Wissenschaftlerin, kommunikationsbehinderte Akkuschrauberin auftritt.

Alles in allem lässt sich sagen: Die Deutschen sind tüchtig in der Abgeschiedenheit, dem eigenen, eng gezogenen Kreis, aber nicht mit anderen Menschen.

Und das ist schon das ganze Drama.

---

er bei sich zu Hause wohl kaum hinnehmen würde. – Günter Maschke, linksradikaler Studentenaktivist (und Schwager Gudrun Ensslins), wandelte sich nach zwei Jahren Havanna zum Theoretiker der Neuen Rechten. Nur seine Verehrung für Fidel Castro blieb. Die Faszination des Autoritären ist bei Deutschen stärker als die Loyalität zu einem politischen Lager.

Ausrüstung

ZAHLLOSE Bücher sind über Deutschland geschrieben worden, seit die Wiedervereinigung so etwas wie das große D wieder ins Bewusstsein gebracht hat; im letzten Jahrzehnt hat sich die Frequenz der Publikationen noch einmal verdoppelt. Sie alle rudern gewaltig mit kräftigen Armen, um sich durch die Stoffmassen zu bewegen. Was gilt es nicht alles zu bedenken und umzuwälzen, den Kampf der Konfessionen und der Klassen, den Idealismus, die Romantik und den Judenmord, selbst über das deutsche Abendbrot, dieses Gemetzel kalter Schnittchen, haben sich die Denker der Gegenwart liebend den Kopf zerbrochen.

Es muss sich doch, wenn das Factum brutum der nationalsozialistischen Verbrechen erst einmal abgehakt und eingestanden ist, auch etwas Schönes finden lassen. Und da finden wir dann: den Fußball, das sogenannte Sommermärchen, die vorbildliche Nachkriegsdemokratie, den Exportweltmeister, das ökologische Bewusstsein, die soziale Marktwirtschaft und so weiter, ungefähr in dieser Reihenfolge und kruden Mischung. Was wir nicht finden, sind die Schönheit der Städte, die bedeutenden Dichter der Gegenwart, die Eleganz der Frauen und Männer, die Feinheit der Umgangsformen, Sprachwitz und Ironie, die bezaubernden Landschaften mit ihren wie hineingetupften Dörfern – denn sie alle gibt es kaum.

Was wir aber ebenfalls in den zeitgenössischen Deutschlandbüchern nicht finden, sind Dinge, die es sehr wohl gibt: die grauen Gesichter der Pendler aus den Vorstädten, die stumpfen Mütter, die zwischen Büro und Haushalt gerade noch eine Stunde finden, um ihre Kinder zum Weinen zu bringen, den Wutkrampf der rasenden Männer auf den Autobahnen, die kulturelle Verwahrlosung der Unter- und Oberschichten, überhaupt der langsam verrottende Gesellschaftsaufbau. Noch gar nicht besichtigt, erst recht nicht ins tugendhafte Selbstbild inkorporiert ist die gewaltige Korruptionslandschaft, die sich im Untergrund der deutschen Wirtschaft gezeigt hat, gewissermaßen neuerdings vom Meeresboden an die Oberfläche gestiegen ist – der Abgasbetrug der Automobilwirtschaft, der Bilanzbetrug der Firma Wirecard, die Sklavenhaltung in den Großschlachtereien. Ungeheure Summen sind verdient worden durch Schummeleien, die nur möglich waren, weil Deutsche sich für so ehrlich und anständig halten, dass sie immer wieder auf sich selbst hereinfallen.

Aber vieles von dem finden wir in der älteren Literatur. Jedenfalls vieles von der Vorgeschichte der gegenwärtigen Tristesse. Wolfgang Koeppen hat in seinem Roman »Das Treibhaus« die westdeutsche Hauptstadt Bonn kurioserweise schon genau als das beschrieben, was sich später in die Berliner

Republik hinüberretten ließ – nicht als das, was verging, sondern als das, was Dauer bewies: die Vetternwirtschaft, Nötigung durch Seilschaften, untergründige Fortexistenz nationalsozialistischer Antriebe. Lion Feuchtwanger, Carl Sternheim haben den Aufsteiger in seiner ganzen Brutalität entfaltet, der aus der Gosse mitbringt, was er an der Spitze der Gesellschaft benötigt. Heinrich Mann hat den Untertanen entdeckt, Thomas Mann in den »Buddenbrooks« geschildert, wie es immer und überall nur ums Geld geht, auch in den als innerseelisch erlebten Vorgängen.

Vor allen anderen aber hat Heinrich Heine den deutschen Michel in seiner schlafmützigen Ängstlichkeit und Anpassungsbereitschaft verspottet – was heute nur mehr wenig originell wirkt, weil es zum ewig wiederholten, totgedroschenen Klischee des politischen Kabaretts wurde. Vielleicht ist der schon von Schiller entdeckte Untertanengeist auch die am wenigsten aktuelle Charakterkonstante.[1] Inzwischen werfen ja selbst demonstrierende Polizeibeamte mit Bierdosen auf Kollegen. Ganz sicher ist es heute nicht mehr der Staat, dem die Unterwürfigkeit gilt. Zu überlegen ist allerdings, inwiefern sich die Untertänigkeit inzwischen auf andere Institutionen und Autoritäten bezieht oder in jene feige

---

1 Andererseits ist der Sekretär Wurm zum Prototypen des leitenden Angestellten in Unternehmen avanciert.

Bewunderung mündete, die allem gezollt wird, was aus Amerika kommt oder sich im Internet als Trend entfaltet.

Es gibt eine lange Liste von zweifelhaften deutschen Eigenheiten, die schon vor über zweihundert Jahren beschrieben wurden (zu Teilen noch früher) und nur deshalb nicht mehr weiter diskutiert werden, weil sie schließlich im Nationalsozialismus ihre Vollendung zu erleben schienen und mit diesem für überwunden gehalten wurden. Nur im Hasskrampf der Achtundsechziger gegen ihre Eltern lebten sie noch einmal auf; aber diese Eltern galten ihnen ja auch als Nazis, selbst wenn sie keine Parteimitglieder waren, und zwar, Ursache und Wirkung in eins setzend, allein schon wegen ihrer altdeutschen Eigenschaften.

Der neue Deutsche sieht sich als etwas ganz anderes: vorbildlich geläutert, von jeder Vergangenheit gereinigt und darum berechtigt, auf seine Geschichte wie auf einen Müllhaufen glücklich entsorgten Gerümpels zu blicken. Jeden Tag preist er dieses Glück. Aber hinter seinem Rücken vollzieht sich ein unablässiges Recycling der alten Ideen und Vorstellungen. Das Weggeworfene gelangt aufgefrischt und wie neu in den Verkehr. Er selbst ist es, der das Wunder hinter seinem eigenen Rücken schwer schuftend vollbringt. Der deutsche Rousseauismus, der die Französische Revolution überlebte, als Traum vom Urkommunismus bei Marx unterschlüpfte, als Wandervogel- und Jugendbewegung im Kaiserreich Mode war, die Blut-und-Boden-Vorstellung der Nazis inspirierte, wird heute als naturbelassener Schafwollpullover gestrickt und als Hafermilch von der veganen Jugend getrunken. Der Yoga-Kurs, das *hand-crafted* Bier aus der Stadtteilbrauerei, die Impfgegnerschaft, überhaupt der ganze hysterische Gesundheitswahn unserer Gegenwart – was sind sie anderes als die »Reformkleidung« des Fin de siècle, die Eugenik und Propaganda der »Volksgesundheit«, die im vorigen Jahrhundert links wie rechts zu Hause waren?

Harmloser, könnte man sagen, sind die Wiedergänger. Aber ist Impfgegnerschaft, einschließlich der anhängenden Verschwörungstheorien, wirklich harmlos? Und handelt es sich wirklich um Wiedergängerei – und nicht etwa um einen niemals abgerissenen Traditionsstrom? Auffällig ist jedenfalls, dass damals wie heute die Ideale von Natürlichkeit und Gesundheit, die von unserer Werbesprache schließlich zum »Naturbelassenen« zusammengeführt wurden, als Ausweis von Fortschrittlichkeit galten. Die deutsche Jugend der Gegenwart fühlt sich mit ihrer Öko- und Bio-Besessenheit so progressiv, dass sie gar nicht merkt, wie reaktionär sie sich verhält. Selten war ein Fortschritt so anschlussfähig an die Vergangenheit.

Derart pflanzt sich das Deutsche fort. Es ist eine Art Parthenogenese – Selbstbefruchtung mit dem genetischen Material, das in die Rumpelkammer der Geschichte verschoben wurde, aber seine DNA auch dann sofort überträgt, wenn es nur berührt wird – (schein-)kritisch oder verächtlich als überwunden erwähnt wird. Gewiss würde niemand zugeben wollen, dass der chauvinistische Pangermanismus, einschließlich der Nordland-Begeisterung, Norwegen-Fahrerei, Island-Verehrung des 19. Jahrhunderts, noch in Umlauf seien. Aber wäre Greta Thunberg, die Jeanne d'Arc der Umweltbewegung, als Italienerin genauso glaubwürdig wie als Schwedin? Würde eine Aktivistin aus dem »Welschland«[2] unsere Vorstellungen von Reinheit, moralischer Makellosigkeit genauso beflügeln wie jenes geschlechtsferne Wesen – fern jeder südlich-sündigen Erotik – aus dem skandinavischen Staat, der ja auch sonst gerne als Vorbild politischer Tugend empfohlen wird? Die Vorzeichen haben von rechts zu links gewechselt, aber das Nordgermanenideal ist geblieben.

Und aus all dem fügt sich etwas zusammen, was man gerne als längst überwundenes Naziding betrachtet, aber tatsächlich schon lange vor dem Nationalsozialismus bestand und noch heute, lange nach ihm, fortbesteht. Die Konstanz der Motive ist, wie unwillkommen auch immer, schwer zu bestreiten, für klügere Deutsche auch nicht zu übersehen. Man kann sie sich nur vom Hals schaffen,

---

2 Alter Sammelbegriff für die romanischen Länder, insbesondere Italien; seit dem 18. Jahrhundert meist abfällig gebraucht: »welsche Tücke«.

indem man das Attribut »deutsch« zurückweist und auf die Internationalität der Tendenzen verweist, zumal der neueren. Viele der kosmopolitisch gesonnenen Deutschen von heute werden bezweifeln, dass es überhaupt so etwas wie die Deutschen gebe oder eine deutsche Nation.[3] Sie wollen sich als nüchterne Positivisten sehen, halten es mit der Wissenschaft und erkennen scharf, dass allem Nachdenken über kollektive Eigenschaften etwas Ideologisches anhaftet. So ist es auch; selbst wenn man das Ideologische von Ressentiments befreit und auf ein intuitives Vorauswissen reduziert, wird man zugeben müssen, dass mit allerlei unbeweisbaren Annahmen, Zuschreibungen, riskanten Extrapolationen und fragwürdigen Deutungen operiert werden muss, wenn am Ende Sätze herauskommen sollen wie »Deutsche fürchten sich vor allem vor Deutschen« oder »Deutsche sehnen sich nach Gemeinschaft, weil sie geborene Außenseiter sind«.

Ich halte diese Sätze nichtsdestoweniger für richtig. Aber genauso richtig ist, dass sie weder statistisch verifiziert werden können noch einem wissenschaftlichen Kriterium der Falsifizierbarkeit genügen. Unter welchen Bedingungen sollten sie wahr oder falsch werden? Die empirische Sozialwissenschaft hat nie mehr vermocht, als die Zustim-

---

3 Der Kosmopolitismus, der sich auch gerne darin äußert, dass an deutschen Universitäten auf englisch unterrichtet wird, ist selbst schon so eine – vergebliche – Meidbewegung.

mung zu Sätzen solcher Art prozentual zu erfassen – also die Meinung über Meinungen zu ermitteln. Dergleichen Einschätzungen zweiter Ordnung mögen ein Anhaltspunkt sein. Aber Selbsteinschätzungen trügen auch. Von Dostojewski wissen wir, dass sie in der Regel nicht auf eine Wahrheit deuten, sondern auf eine gewünschte Lüge.

Aber gerade als solche Lügen begriffen, sind sie Indizien der Wahrheit. Man muss nur den Gründen ihrer Attraktivität nachforschen, um die fortlaufende Selbstkritik der Deutschen und ihre ebenso fortlaufende Selbstverharmlosung richtig einzuschätzen und als Zeichen für etwas (meistens) anderes zu verstehen. Weshalb ich sie als Lügen erkenne und über die Motive spekulieren kann? Weil ich Sterndeuter bin oder meine Phantasie nicht zügeln will? Den guten Deutschen, die mir diese Fragen stellen, gebe ich gerne zu: Alles Nachdenken über Deutschland ist schlechte Metaphysik. Ich gebe auch gerne zu, dass meine Sätze vom Standpunkt eines intuitiven Vorauswissens aus formuliert sind, das ich selbst nicht kontrollieren kann – ich müsste denn als Deutscher eine nicht-deutsche Perspektive einnehmen, was schlechterdings nicht möglich ist. Andererseits ist das kulturelle Vorauswissen auch die Voraussetzung dafür, dass überhaupt etwas erkannt werden kann. Es gibt kein Außerhalb einer Lebensform, von dem aus sich diese beschreiben ließe, hat Wittgenstein das Dilemma einmal formuliert.

Andererseits – so zirkulär die heuristische Situation auch erscheint – gibt es gleichwohl so etwas wie ein empirisches Erlebnis der Außenperspektive. Wir können alles Deutsche als Konstrukt bezweifeln und müssen doch nur ins Ausland gehen, um uns als Deutsche zu erkennen oder, schlimmer noch, als Deutsche erkannt zu werden. Unter Umständen genügt schon die Brille, die wir tragen. Warum tragen wir überhaupt Brillen, die nirgendwo sonst in der Welt als vorteilhaft gelten? Meist genügt zur Identifikation auch eine bestimmte Körperhaltung oder ein Argument, mit dem wir uns verteidigen. Warum halten wir Argumente überhaupt für zielführend? Und was sind das für Ziele? Glauben wir, dass alle solche Ziele haben oder zu haben für nötig befinden? Gerade viele der kosmopolitischen Deutschen werden im Ausland als besonders deutsch und als besonders ungemütlich empfunden.

Viele dieser Deutschen werden sich damit mehr oder weniger zähneknirschend, vielleicht auch im Sinne einer nun mal zu tragenden historischen Erblast abgefunden haben, aber doch nicht dulden wollen, dass es ihnen auch von Landsleuten (sogenannten Intellektuellen) wieder und wieder vorgesagt wird. Besonders jene, die sich selbst für »gute Deutsche«, nämlich für aufgeklärt und internationalisiert halten, werden erklären, dass sie des kritischen Blicks leid seien, dass es ein für allemal genug sein müsse mit der Selbstzerfleischung, besorgten Selbstbefragung – mit dem depressiven Narzissmus.

Ihnen muss leider gesagt sein, dass gerade diese quälende und verquälte Nabelschau eine echt deutsche – *ächt* altdeutsche – Tradition ist, die genau in dem Moment aufblühte, als sich am Krankenlager des Heiligen Römischen Reiches zum ersten Mal so etwas wie eine deutsche Nation in einem anderen als bloß staatsrechtlichen Sinne zeigte.

Der Autor, der sich in jene Tradition einreiht, folgt dabei keinem anderen Motiv als dem altehrwürdigen. Es ist kein Selbsthass, es ist im Gegenteil eine notwendige Übung der Selbstachtung, von Zeit zu Zeit niederzulegen, dass dem Deutschen selbst die Fragwürdigkeiten (auch die Abscheulichkeiten) seiner Nation nicht verborgen bleiben.[4] Unerreichbares Vorbild ist hier Stendhal, der bekanntlich nicht müde wurde, Oberflächlichkeit, Eitelkeit und Herzenskälte der Franzosen seiner Zeit zu benennen. Seine Rücksichtslosigkeit gegenüber Konventionen des Sagens, er nannte es mit dem Lieblingswort Désinvolture, bleibt ein Ideal jeder Selbstbeschreibung und ermutigt mich, auch unseren zeitgenössischen Betschwestern[5] der Political Correctness keinerlei Zärtlichkeiten zu erweisen.

---

4 Im übrigen ist dieser Essay nur eine Art Vorwort – zu einem Buch, das zu schreiben mir die Nervenstärke fehlt.

5 Beiderlei Geschlechts. Die größten Betschwestern jüngerer Zeit waren Männer, vorzugsweise Bundespräsidenten. Aber gewiss gibt es auch unter Angehörigen des dritten, vierten oder fünften Geschlechts (die Zählungen schwanken) beachtliche Frömmler und Zensoren der öffentlichen Rede. Wir wollen niemanden ausschließen.

Letztlich ist es eine Frage der Ehre. Sie besteht darin, sich jederzeit distanzieren zu können, vor allem von sich selbst. Niemand ist zu einer Identität gezwungen. Oder anders gesagt: Sie ist, wo sie behauptet wird, ein selbstgewählter Fluch.

Im folgenden wollen wir nichts weiter, als uns diesen Fluch einmal näher anzuschauen – wie er sich über die Generationen fortpflanzt, wie er das Leben des Deutschen in der Herde bestimmt und wie er die Verteidigung des Reviers möglich macht (nämlich überraschend effizient).

Zu diesem Zweck müssen wir uns nur morgens aufmachen, vielleicht nach einer durchwachten Nacht, vielleicht einer durchzechten Nacht, im Zustand des Katers vielleicht, der jene Überwachheit erzeugt, die schon E. T. A. Hoffmann für eine Voraussetzung erfolgreicher Gespensterseherei betrachtete. Auf ins Revier! Vertrauen Sie mir, ich werde Ihnen alle erforderlichen Hinweise geben. Aber ziehen Sie sich warm an. Es ist kalt, der Himmel grau, wahrscheinlich regnet es bald. Imbissbuden säumen den Weg vom Bahnhof in die Stadt, Tauben suchen Platz auf den kunstreich stachelbewehrten Simsen der Bürohäuser, Obdachlose schlafen noch auf den Lüftungsschächten der Kaufhaustore. Aber siehe da, wir müssen nicht lange warten – und das Gespenst erscheint.

Im Revier

WENN man ihn – den Geist, den Wiedergänger – so
die Straße herunterkommen sieht, an diesem grauen
Alltagsmorgen, den Blick erhoben, aber den Körper
nicht gestrafft, eher trottend als schreitend, irgendwie bekleidet, aber nicht angezogen, die Haare geschnitten, aber nicht frisiert, dann könnte man ihn
für einen Träumer halten, einen Idealisten, Intellektuellen, dessen Gedankenwelt über alle Äußerlichkeiten gesiegt hat. Es ist jedoch ein Trug. Der
Deutsche, den wir aus der grauen Masse von Passanten in einer grauen Großstadt herausgegriffen haben, kann in derselben Aufmachung (oder vielmehr
Nicht-Aufmachung), mit derselben weltverlorenen
Miene genauso gut an seine gestohlene Bürotasse,
die Börsenkurse, einen Autokauf oder elektrisie-
rende neue Möglichkeiten des Steuerbetrugs denken. Er ist abwesend, er träumt. Aber dass er träumt,
sagt nichts über die Würde seiner Träume. Das
gleichgültige Äußere, der seltsam unvorteilhafte
Gang, der Mangel an Beobachtung seiner Umgebung, überhaupt der Verzicht auf präsente Haltung,
sind weder notwendige noch hinreichende Zeichen
von höheren Zielen.

Hier liegt eine Hauptquelle aller Missverständ-
nisse über Deutsche in der Welt. Wenn, sagen wir
einmal, Lateinamerikaner einem solchen Tropf be-

gegnen, werden sie sofort geneigt sein, ihn für einen höchst seriösen Menschen zu halten, mit moralischen Prinzipien und von äußerster, vielleicht fast lächerlicher Zuverlässigkeit. Selbstverständlich werden sie ihn nicht ernst nehmen – womöglich als geborenes Opfer sehen. Aber darin könnten sie sich wiederum gefährlich täuschen. Der unelegante Deutsche kann auch ein höchst gerissener Geschäftsmann sein, ein Aufschneider, Hochstapler, Waffenhändler. Überall in der Welt neigt die Tugend dazu, sich in härene Gewänder zu kleiden, nur in Deutschland nicht. Hier gehen *alle* in Sack und Asche, selbst die giftigste Schlange verzichtet auf ihr buntes Schuppenkleid.

Das muss man wissen, um sich zu orientieren. Die leichtsinnigsten Hallodris (die es bei uns genauso gibt wie andernorts) können ganz graumäusig, in fabelhaft schlechtsitzenden Anzügen oder grotesk verwaschener Freizeitkleidung auftreten. Oberflächlichkeit lässt sich bei Deutschen nicht an der Oberfläche erkennen. Hier ist alles Tarnung, und selbst die Tarnmuster unterscheiden sich kaum. Man könnte sagen, Deutschland ist die Urheimat der Heuchelei, und für einen schreckhaften Moment, in der Bismarckzeit, hat dies auch das Ausland so gesehen, das bisher die Deutschen für die biedersten aller Biedermänner gehalten hatte. Die geradezu überirdische Geschicklichkeit und Tücke Bismarcks öffnete allen die Augen.

Indes wäre es, in gewisser Hinsicht, nicht gerecht,

alle Deutschen, und erst recht die heute lebenden, mit der Verlogenheit Bismarcks zu belasten. Im übrigen war er seinerzeit auch nicht gar so schlecht gekleidet wie deutsche Politiker heute, auch nicht so ungeschliffen, als junger Diplomat sogar bewundertes Vorbild internationaler Kollegen. Der Kern der Heuchelei lag und liegt noch immer überhaupt in keiner bewusst gewählten Camouflage. Der Kern liegt in jener Verachtung von Äußerlichkeiten, die vielleicht einmal ein protestantisches Tugendideal war, dann als romantische Innerlichkeit umformuliert wurde und sich schließlich in dem Ideal der Natürlichkeit verschlüsselte.

Nichts könnte dem Selbstverständnis der Deutschen ferner liegen, als sich verstellen zu wollen. Der Zusammenhang bildet sich vielmehr umgekehrt: Gerade weil die Deutschen schon Liebenswürdigkeit und Manieren für Heuchelei halten, für falschen Schein, und deshalb ablehnen, können sie die Heuchelei, die in ihrer Unscheinbarkeit liegt, nicht erkennen.

Der biedere Deutsche ist ein Zivilisationsprodukt, Erzeugnis einer Gesellschaft, die aller Raffinesse misstraut. Das hat nichts mit der brutalen Geschichte des 20. Jahrhunderts zu tun, in der es gewiss ein Zuviel an Inszenierung, an Kinoeffekten, Militärparaden, Massenaufmärschen und Phantasieuniformen, ganz allgemein an »Lametta« gegeben hat, wie Loriot das in seinem berühmten Sketch genannt hat. Die Graumäusigkeit ist nicht das Ergebnis eines Reinigungsprozesses – eben kein Büßergewand, kein Signal von Läuterung. Es reicht, sich in der ferneren Vergangenheit umzusehen, damit sich ein ähnlicher Befund einstellt – in den Schilderungen Stendhals aus seiner Zeit als napoleonischer Kriegskommissar in Braunschweig oder, noch viel früher, in der ungeschickten Figur, die Liselotte von der Pfalz am Hofe Ludwigs XIV. machte. Die berüchtigten zwölf Jahre der jüngeren deutschen Geschichte müssen nicht herangezogen werden, um in der Gesellschaft der Völker eine gewisse linkische Gestalt auszumachen, die manchmal bewundert, aber selten angesprochen und nie in den heiteren Kreis der anderen gezogen wird. Sie erinnert an den einsamen Streber auf dem Schulhof, dem man gute Noten, aber ebenso allerlei Finsteres zutraut, was er dann auch zuverlässig liefert.

Der Deutsche, wenn er so an einem Alltagsmorgen, sagen wir, die Frankfurter Zeil, die Hamburger Mönckebergstraße, den Berliner Tauentzien oder irgendeine andere dieser trostlos grauen Großstadteinkaufsmeilen entlangtrottet, ist also eine historisch sattsam bekannte Gestalt. Er wird es nicht wissen, er wird sich vielleicht sogar gesteigert modern, zeitgenössisch und fortgeschritten fühlen; wie er denn überhaupt von seiner ferneren Herkunft und näheren Umgebung nur selten Notiz nimmt. Deswegen weicht er auch jetzt, wo sich die Straße langsam und unaufhaltsam mit seinesgleichen füllt, nur selten aus, wenn ihm jemand entgegenkommt.

Streng genommen kommt ihm auch niemand entgegen, sondern immer nur in die Quere. Der Deutsche ist ganz und gar in sich gefangen, das ist der Grund seiner oft behaupteten Rücksichtslosigkeit. Sie ist nicht eigentlich bös' gemeint – er möchte nur Kurs halten. Man könnte sagen, er bewegt sich auch durch die Zivilisation wie Robinson auf seiner Insel.

Wenn er die Augen höbe – aber er hebt sie nicht –, würden sie auf die Landsleute fallen, die wie er auf dem Weg ins Büro sind und wie er nur Kurs halten, nichts sonst im Schilde führen. Hinter ihnen die Fassaden genauso grauer, genauso schmuckloser Häuser, die entlang der Straßenflucht Kurs halten, Kurs auf die Rendite ihrer Eigentümer. Auch sie wollen nichts anderes als ihre Schuldigkeit tun, keinesfalls irgend etwas darüber hinaus, keine Schönheit, keine Überraschung, keine Freude oder auch nur den anekdotischen Reiz eines überraschenden Erkers entfalten. Diese Gebäude sind vollendete Demut – Demut vor ihrer Funktion, Büros, Geschäfte, Arbeitsplätze zu beherbergen. Es wäre vermessen, ihre armselige Gestalt auf die seinerzeit exquisite Bauhaus-Ästhetik zu beziehen. Nicht die Bauhaus-Architektur hat sich in ihnen verwirklicht, sondern nur der Bauhaus-Gedanke, dass die Form der Funktion zu folgen habe. Darum ist die Form trostlos, weil die Funktion trostlos ist. Sie erschöpft sich darin, Glied in der Kette des Wirtschaftskreislaufes zu sein.

Übrigens entfaltete sich auch in der Bauhaus-Idee das Dogma der Natürlichkeit, mit dem paradoxen Resultat, dass Baukörper von einer Kantigkeit entstanden, die ohne organisches Vorbild sind. Das ist aber kein Widerspruch in der Theorie; der Natürlichkeitsbegriff des Bauhauses ist ganz abstrakt, eine Art Tugendideal ehrlichen Bauens. Organische Formen wären Lüge; die »Natur« des Architektonischen (so etwas wie dessen innere Bestimmung) besteht darin, Gehäuse zu schaffen und keine florale Landschaft.

So ist vieles von dem, was in der deutschen Zivilisation wie eine Kette des Missglückten, Zufälligen, Ungehobelten, wenn nicht Barbarischen erscheint, tatsächlich das Ergebnis tiefen Nachdenkens. Es ist fast tragisch, aber bei all den hässlichen Plätzen, trostlosen Bushaltestellen, unvorteilhaften Brillen und wenig kleidsamen Kleidungsstücken muss immer damit gerechnet werden, dass sie keinem Unvermögen, sondern einer höheren Vernunft, bürokratischen Vorschrift oder sogar raffinierten Berechnung gehorchen. Die grotesk unstrukturierten Hamburger Plätze, eigentlich bloß freigeräumte Straßenkreuzungen, mit ihren zurückgesetzten Eckhäusern, verrutschten Straßenfluchten, sind zum Beispiel keine Kriegsfolge, sondern Folge des Wiederaufbaus und seiner stadtplanerischen Vorgabe, für freie Luftbewegung zu sorgen. Die ist auch entstanden, aber um den Preis seelischer Beklemmung.

Und ähnlich ist auch der Umstand, dass ein Schuh nicht gut aussieht, in deutscher Perspektive kein Makel, sondern nur die vernachlässigenswerte Nebenfolge einer fabelhaft atmenden Sohle oder einer sinnreich verbreiterten Spitze, die das »freie Zehenspiel« ermöglicht, wie eine seinerzeit populäre Werbeaussage lautete.

Das freie Zehenspiel ist geradezu der Inbegriff eines spezifisch deutschen Kalküls, das kaum sonstwo in der Welt und schon gar nicht in romanisch geprägten Kulturkreisen verstanden wird. Wie hätte die einst legendäre Schuhsammlung der philippinischen Staatspräsidentengattin Imelda Marcos zustande kommen können[1], wenn sie sich am freien Zehenspiel orientiert hätte? An natürlich gegerbten Ledersandalen, weit geschnitten genug, um Platz für eine schweißabsorbierende Frotteesocke zu haben? Es sind gerade Länder der Dritten Welt, die nicht verstehen, wie der märchenhafte Wohlstand der Deutschen so versessen aufs Praktische, Bequeme oder technisch Befriedigende sein kann, unter Hintanstellung von Eleganz, Schönheit und Stolz. Warum strebt so viel Geld ins Verschrobene?

---

[1] 1200 Exemplare, nach anderen Schätzungen sogar fast 3000. Teile der Sammlung haben inzwischen ein eigenes, sehr gut besuchtes Museum in Manila, was beweist, dass man in manchen Weltgegenden auch für moralfreie Extravaganz bewundert werden kann. Man nannte Imelda Marcos den »Schmetterling aus Stahl«. Welche deutsche First Lady hätte man als Schmetterling bezeichnen wollen? Selbst die smarte Frau des Bundespräsidenten W*** war höchstens ein flotter Käfer, wenngleich ebenfalls aus Stahl.

Die Menschen ärmerer Länder blicken auf deutsche Gewohnheiten mit etwa der Verwunderung, mit der wir einen Mistkäfer seine Mistkugel rollen sehen oder einen Leoparden dabei beobachten, wie er eine Antilope, die sein eigenes Körpergewicht weit übersteigt, auf einen Baum hinaufwuchtet. Was soll die Anstrengung? Muss eine Mistkugel erst perfekt rund sein, um der Nachkommenschaft Schutz und Nahrung zu bieten? Aber wie der Deutsche hat auch der Käfer für alles seine Gründe. Die Kugelform bietet ein Maximum an Rauminhalt bei einem Minimum an Oberfläche, das muss von anderen Lebewesen, die andere Probleme zu lösen haben, nicht verstanden werden. Ebenso wenig wird der Leopard das exklusive Erfahrungswissen erläutern, das ihm sagt, eine mühsam erjagte Antilope sei nur auf dem Baum vor den Hyänen sicher, die sonst alles rauben, was sie selbst nicht erbeuten können.

Und so ist es auch mit den deutschen Seltsamkeiten. Sie gehorchen geheimen Notwendigkeiten, und was man braucht, um sie zu verstehen, ist meistens unsichtbar, eine Gedankenkette, voraussetzungsreich und kompliziert, aber nicht weniger gebieterisch als das angeborene Verhalten der Tiere, im Grunde etwas Vergeistigtes – so sonderbar es angesichts der plump praktischen Resultate klingen mag.

Das freie Zehenspiel beruht auf Metaphysik. Und diese, wie jede Metaphysik, beruht auf einer Reihe ererbter, nicht näher befragter Annahmen, über

die Natur des Kosmos, die Bestimmung des Menschen, die innere Balance der Schöpfung – oder was
weiß ich. Eine unbequeme, womöglich ungesunde
Schönheit hat darin gar keinen Platz. Schönheit
muss natürlich und praktisch sein. Leider hält der
Deutsche oft auch den Umkehrschluss für wahr:
dass Natürliches und Praktisches notwendig schön
seien.

Wildwechsel

Zu den geheimen Notwendigkeiten, die das Verhalten der Deutschen steuern, gehört selbstverständlich nicht nur das Streben nach Natürlichkeit. Es werden auch gerne Kunststoffe genommen – Kleidung aus Kunstfasern, Schuhe aus Kunstfasern, ganz großer Hit: Mikrofasern, gegebenenfalls mit Teflon beschichtet, Hauptsache: waschmaschinengeeignet, schnelltrocknend und regenabweisend.[1] Selbst in der Großstadt bevorzugt der Deutsche eine Art Sport-, Wander- und Camping-Ausrüstung, recht eigentlich ist ihm die Stadt keine urbane Zivilisation, sondern ein forderndes Gelände, das für alle Fährnisse gerüstet zu sein verlangt. Oft hat er ein Taschenmesser dabei; damit kann er dann Kronkorken heben oder Essensreste zwischen den Zähnen entfernen. Das Praktische muss sich nicht mit dem Natürlichen verbünden, es kann auch über das Natürliche siegen.

Wir beobachten jetzt einmal den Wildwechsel – ein Poller am Straßenrand genügt uns als Hochsitz – und nehmen zwei der altmodischen Zählapparate in die Hände, die auf Daumendruck weiterschalten. Wie viele von hundert Passanten tragen noch Leder-

---

1 Sich mit dem Gegenteil, mühsam zu pflegender Wolle und Baumwolle, abzufinden gilt als elitär.

schuhe, wie viele die sogenannten Sneaker, die von Kindern in Malaysia oder Bangladesh aus Plastik zusammengeschweißt werden? Die Quote beträgt zehn zu neunzig. Gegen Leder spricht nicht nur der Preis, sondern auch der Umstand, dass dafür Tiere sterben mussten (häufig gehörte sentimentale Antwort). Dass im Falle der schnell weggeworfenen Sneaker andere Tiere, nämlich die meeresbewohnenden, an Plastikmüll und Mikrofasern verenden, muss nicht mitbedacht werden, denn es geht hier nicht um rationales Umweltverhalten, sondern um Kitsch. Dazu gehört das schwärmerische Bewusstsein, etwas zu tragen, das sowohl unisex wie klassenübergreifend ist, von Männern wie Frauen wie von Ghettokids und Kleinkriminellen geschätzt wird. Man ist kein Angeber, man reiht sich ein und zeigt sich solidarisch durch Nachvollzug.

Im übrigen ist der Deutsche ein Opfer der Mode. Seit Menschengedenken sind alle Trends andernorts in der Welt gesetzt worden, in Paris vor Zeiten, in Mailand, in London während der Swinging Sixties, dann in New York, heute vielleicht in Kalifornien (nicht ganz sicher). Ausnahme sind allein die Jogginghosen mit den berühmten Streifen, die aber ihre Street Credibility auch erst international beweisen mussten, um hierzulande als zwingende Mode akzeptiert zu werden. Denkt noch irgend jemand daran, dass die Adidas-Streifen ursprünglich die Lampassen auf Offiziershosen zitierten? Gewiss nicht; aber dass sie aus Deutschland stammen, die innige Verbindung von Sport und Militär noch immer vorführen, sollte – könnte, müsste – doch so etwas wie Vorbehalte wecken. Aber weil sie im Ausland, in allen Ausländern der Welt, getragen und gepriesen werden, sind sie auch hierzulande beglaubigt und freigesprochen. Sie sind gewissermaßen bei ihrem Siegeszug um den Globus »gewaschen« worden, so wie Geld zweifelhafter Herkunft bei einer Weltreise von Konto zu Konto gewaschen, nämlich vom Makel der Herkunft befreit werden kann.

Vor Jahrzehnten haben wir uns schon einmal an eine Straßenecke gestellt und mit den Zählapparaten gespielt. Herauskam: das Verschwinden der Krawatte, des Herrenanzugs, des Damenkleides, auch des Rockes – und die übermächtige Dominanz von Freizeit- und Sportkleidung. Das wird man heute nicht so beobachten. Der Rock ist als Mini wieder da, auch der Herrenanzug ist zurück, wenngleich in einer leicht lächerlichen, jungenhaft knappen, irgendwie überall zu kurz geratenen, im Schritt und unter den Achseln zwickenden Form. Man nennt es »schmale Silhouette«, früher hätte man gesagt: zwei Nummern zu klein. Der Anzug ist gewissermaßen gar kein Anzug, sondern nur ein Zeichen, dass man sich in etwas gesteckt hat, ein Zitat. Selbstverständlich gehört keine Krawatte dazu, aber ein Dekolletee: Zumindest noch vor ein paar Jahren musste das Hemd dazu mit zwei, drei offenen Knöpfen die männliche Hühnerbrust zeigen. Auch das ein Zitat früherer Zeiten, dem aber zur Vollendung nicht die Krawatte, sondern das Goldkettchen fehlte.

Natürlich ist dieser Anzug ebenso wie das meiste andere internationaler Standard, der von den Deutschen nicht gewählt, sondern gleichsam über sie gekommen ist. Es fehlen aber auffällig jene Modifikationen, die andere Nationen an einem Modetrend vornehmen, um ihn sich passender zu machen, die Mäßigungen und Dämpfungen, die Italiener erstreben (und die bis zur Verkehrung des schrill Gemeinten ins Gefällige führen können), oder umgekehrt die grotesken Übertreibungen und Zuspitzungen, an denen Engländer eine Zeitlang so viel Freude hatten. Die einzige Modifikation, die der Deutsche vornimmt, ist eine preisbewusste Verminderung der Qualität.

Vor allem aber stellt er sich nie die Frage, ob ihm die aktuellen Schnitte und Farben überhaupt stehen. Sein passiver Umgang mit Mode schließt die Resignation mit ein, in den gerade aktuell befohlenen Leggings oder Steppjacken gegebenenfalls unvorteilhaft auszusehen, also beispielsweise wie ein Michelinmännchen (oder -weibchen).[2] Was sagten wir über den deutschen Robinson? Er unterwirft

---

2 Das Michelinmännchen war über Jahrzehnte das Werbemaskottchen des französischen Reifenherstellers, aus übereinandergeschichteten Pneus geformt, die gewissermaßen eine Kaskade von Speckröllchen bildeten und insofern gut zu dem Wirtschaftswunder der Nachkriegszeit passten. Sie prangten als Püppchen

sich gerne den Umständen. Natur und Mode zeigen sich ihm dabei nicht als Widerspruch. Er sieht die Mode selbst als eine Art Naturgeschehen, insofern sie von außen kommt. Man hadert ja auch nicht mit dem Wetter.

Die eigentümliche Willenlosigkeit vor dem Diktat der Mode zeigt sich auch darin, wie das Revival des Minirocks nachvollzogen wurde – durch keinerlei ideologische Vorbehalte gestoppt werden konnte. Der moderne Feminismus, der den Frauen seit Jahren einzuschärfen versuchte, sich nicht zum Sex-Objekt zu machen beziehungsweise machen zu lassen, vermochte nichts gegen das Sortiment in den Bekleidungsgeschäften. Dem Feminismus fiel nur die laue Schutzbehauptung ein, dass Frauen sich damit gar nicht für Männer begehrenswert präsentieren wollten, sondern nur ihrer Persönlichkeit Ausdruck verliehen.[3] Indes – seit wann hätte Mode je dem persönlichen Ausdruck gedient? Es sei denn, man rechnete Opportunismus und Konformismus zu den singulären Merkmalen. In Wirklichkeit besteht Mode darin, das Persönliche in der Maske des jeweiligen Zeitgeistes einzuschließen,

---

auch am Führerhaus von LKWs und verwiesen auf die Leiblichkeit der Fahrer, die damals noch besser genährt und weniger gehetzt als heute waren.

3 Richtig ist daran nur, dass nicht Männer die hauptsächlichen Adressaten des modischen Ehrgeizes sind. Die wahren Adressaten sind die anderen Frauen. Man darf das weibliche Konkurrenzverhalten nicht unterschätzen, und auch nicht, dass ein sexy Auftritt den Charakter einer Stichelei haben kann.

wenn nicht zeittypisch umzuformulieren. Die großen englischen und französischen Gesellschaftsromane wussten sehr schön davon zu erzählen, wie sich Männer und Frauen von Saison zu Saison häuteten, dabei Typ und Genre wechselnd, also beispielsweise vom verträumten Schlafzimmerblick zum herrischen Funkelauge der Amazone oder von der Schmalzlocke des romantisch schwärmerischen Jünglings zum Bürstenschnitt des über Nacht sportlich ertüchtigten Geschäftsmannes.

Diese Anpassung an ein Zeitideal ist unabhängig von individuellen Befindlichkeiten. In der Schlafzimmerheroine steckte vielleicht immer schon eine wehrhafte Amazone und im männlichen Schwarmgeist ein finanziell begabter Rechner – oder umgekehrt. Mode ist ein großer Egalisator. Die Menschen werden buchstäblich über einen Kamm geschoren, dem gleichen ästhetischen Ideal (und oft auch den gleichen Gedanken) unterworfen. Und hier wird es, was den Deutschen anlangt, diesen vielleicht nur scheinbar willenlosen Tropf, interessant. Kann es sein, dass ihm diese unterschiedslose Gleichbehandlung, die keine Rücksicht auf individuell vielleicht beklagenswerte Ergebnisse nimmt, in Wahrheit besonders recht ist? Das Ergebnis der maoistischen Kulturrevolution war bekanntlich der äußerste Triumph, den Mode überhaupt haben kann: die wirklich gleiche Kleidung für alle, die einheitsgraue Uniform des Arbeiter- und Bauernstaates. Und dieser Triumph bedeutete zugleich die ultimative Überwindung aller Klassenunterschiede: Der Anblick der Gesellschaft zeigte nur noch Proletarier. Nicht einmal Geschlechtsunterschiede ließen sich am Gewand ablesen. Diese Gesellschaft war gleichermaßen vollkommen modisch und vollkommen gerecht.

Nun wird man nicht behaupten können, dass die Bilder der maoistischen Revolution noch besonders lebhaft im Bewusstsein wären oder dass im Straßenbild der deutschen Stadt etwas von der Dezenz des eigentlich doch recht wohltuenden kommunistischen Grautons zu beobachten wäre. Im Gegenteil, gerade die »Funktionskleidung« der geschätzten Outdoor- und Freizeitmoden hat eine Tendenz zum aufgeregt Bunten, zu grellen Streifen, schräg abgesetzten Farbfeldern, die eine Schulter schwarz, die andere türkis, dazu die Bündchen gelb oder pink, ein Delirium des auf den Hund beziehungsweise auf den Kleinbürger gekommenen Suprematismus. Effekt der täuschend lebensfrohen Kompositionen: das Welken der Haut. Je bunter das Kostüm, desto blasser, zerknitterter die grauen Hände und Köpfe, die sich aus den abstrakten Farbflächen schieben wie die schuppigen Extremitäten einer Echse. Die Funktionskleidung, deren Funktion doch darin besteht, Sportlichkeit und Abenteuerlust zu markieren, lässt ihre Träger alt und krank aussehen.

Aber darin, in ihrer gemeinsamen Ungesundheit, erscheinen die Menschen wiederum alle gleich.

Alle sind gleichermaßen der Botschaft ihrer Kleidung nicht gewachsen. Und jetzt holen wir einmal unser Fernglas hervor und halten es verkehrt herum vors Auge. Was sehen wir? Auch die grellen Kleider verschwimmen in der optischen Ferne zu jenem Grau, das entsteht, wenn allzu viele Tuschfarben gemischt oder die Pinsel in ein und dasselbe Wasserglas getaucht werden oder bunte Knete von eifrigen Kinderhänden in eine gemeinsame Masse verwandelt wird.

Diese Masse schleppt sich nun über die Trottoirs der deutschen Großstädte. Niemand käme auf die Idee, dass sich in ihr die berühmte »Individualisierung der Lebensstile« abbildete, von der die Soziologen neuerdings sprechen. Vielleicht gibt es diese Individualisierung, sehr wahrscheinlich sogar, aber selbst wenn wir unser Fernglas wieder richtig herum vors Auge halten und auf ein Maximum von Vergrößerung stellen, sehen wir doch nicht mehr, als dass sich die Masse zurück in ein Meer von bunten leuchtenden Punkten auflöst, die einander gleichwohl zum Verwechseln ähneln.

Der Effekt lässt sich wahrscheinlich in jeder Großstadt der Welt beobachten. Indes – ich sammle nur Indizien. Jedes einzelne mag unerheblich oder sogar untypisch sein. Aber wenn viele Indizien in dieselbe Richtung deuten, das uniforme Erscheinungsbild der Mode ebenso wie der Naturwahn, die Bevorzugung des Praktischen vor dem Schönen ebenso wie die Verachtung von Eleganz und Ge-

wandtheit, dann liegt doch ein Schluss nahe – nämlich der Schluss auf ein alles andere überwölbende
Ideal der Gleichheit, zumindest des Anscheins von
Gleichheit. Dieser Anschein wäre dann auch das
eigentliche Tarnziel – das, was anderen Nationen
so heuchlerisch erscheint –, der Verzicht auf jede
Abbildung von Unterschieden an der Oberfläche.

Zusätzlicher Vorzug dieser Deutung: Der Widerspruch von Natürlichkeitskult und einer unifor-
men Straßenmode aus Plastik verflüchtigte sich auf
einer höheren, gewissermaßen philosophischen
Ebene, wenn Gleichheit der gemeinsame überge-
ordnete Wert wäre. Und in der Tat spricht manches
dafür, dass der deutsche Begriff von Natürlichkeit
immer schon Gleichheit als vorrangig erwünsch-
tes Resultat enthalten oder mitgedacht hat – dem
Gedankenpfad Rousseaus folgend, dass alle Unterschiede künstlich, nur von der Gesellschaft gemacht
oder erzwungen seien, und wenn es gelänge, das
schlechte Gesellschaftliche abzustreifen oder in
Habitus und Haltung alle anzugleichen, trete die
wahre und gleiche Menschennatur hervor. Insofern
hätten ein FKK-Strand und die Freizeitmode den
gleichen politischen Sinn und Zweck.

Wie die rasant sich vermehrenden Tätowierungen,
die ja auch nur scheinhaft der Individualisierung
dienen, in Wahrheit ein stilgleich sich fortspinnen-
des Ornament über die Haut ziehen, blaue Chiff-
ren auf blassem Grund, gemeinsame Brandmale der
Unterwerfung unter ein kollektives Ritual.

Ansprache

UND jetzt verlassen wir den Hochsitz. Da auch Deutsche Menschen sind und Menschen der Sprache mächtig, ist es einen Versuch wert, die Beobachterperspektive aufzugeben und in eine – wie sagt man? – Kommunikation auf Augenhöhe einzutreten. Die Frage ist nur: Kann man Deutsche so einfach ansprechen? Man kann. Nicht so umstandslos wie Italiener (manche Deutsche wenden sich brummend ab), aber doch leichter als Franzosen (alle Pariser wenden sich brummend ab). Wir fragen nach dem Weg, dem Wetter, einem Restaurant – und siehe da, auf einmal zeigen sich Unterschiede.

Es sind gewaltige Unterschiede, schon in der Sprache. Damit sind noch nicht die dialektalen Unterschiede gemeint, die auf die Regionen und ihr Eigenleben verweisen. Es sind die Unterschiede an einem gemeinsamen Ort, auch und erst recht die Unterschiede in der phonetischen Hochsprache. Jenseits ihrer Lautlichkeit erstreckt sich ein wild wucherndes Feld, das von nahezu agrammatischen Ausdrücken (»Meine Tante ihre Schwägerin hat sich da mal verlaufen«) über scheiterndes Bemühen (»Was meine Tante ihre Schwägerin ist, die hatte auch immer Angst vorm Wetter«), ausufernde Geschwätzigkeit (»Wissen Sie – wo Sie schon fragen – ich hatte eine Tante, und die Schwägerin von der, die war so jemand, die immer nach Restaurants gefragt hat, dabei wusste sie gar nicht, was sie essen wollte«) bis zu barschen Kommandos (»Drehen Sie sich mal um, junger Mann! Was sehen Sie? Richtig! Sie sehen ein Restaurantschild.«).

Tatsächlich ist, wenn man einen Passanten anspricht, vollkommen unabsehbar, an wen man gerät. In der Jogginghose oder den fußgesunden Tretern können ein asozialer Trinker, ein volkstümlicher Scherzbold, ein vollkommen vereinsamter, nun vor Redseligkeit übersprudelnder Rentner oder auch ein höchst gebildeter, mit gestochen scharfer Diktion sich äußernder Lehrer stecken. Oder im Minirock, den wild gemusterten Leggings, unvorteilhaften Shorts sowohl die hilfsbereite Drogistin wie die schnippische Studentin wie die erkältend nüchterne Geschäftsfrau. Selbst die tragisch umflorte junge Frau, die mit Silberketten und -stacheln, Piercings und Leichenschminke des Gesichts noch der verflossenen Gothic-Mode anhängt, kann sich als sanft fürsorgliches, überaus wohlerzogenes Mädchen herausstellen, das Sie bis zur nächsten Kreuzung begleitet.

Es sind auch nicht nur Bildungs- und plötzlich sichtbare Einkommensunterschiede, die unerwartet hervortreten, es offenbaren sich ebenso verblüffend konservierte Herkunftsunterschiede, der Mann mit der Patek-Philippe am Handgelenk – oh ja, solche im egalitären Freizeitlook versteckten Signale des Bessergestelltseins gibt es natürlich schon – kann den Jargon der rheinischen Gosse heraussprudeln und die ärmliche, fast verhärmt wirkende, blasse Frau typische Redewendungen der ehemals besseren Gesellschaft stanzen (»Wenn ich Ihnen damit *dienen* kann, wenn es Ihnen *zupass* kommt, wenn es *à-tout-prix* sein muss, wenn Sie mir *die Liebe tun* wollen, wenn Sie das kurz halten *wollen*, wenn es nicht *zu viel verlangt* ist, wenn ich die *verflixte* Brille finde – da ist das *kleine Miststück* ja«).

Auch diese Redeweise, die auf eigentümliche Weise zugleich vorsichtig und drastisch ist, hat sich erhalten und kann gehört werden, nur eben nicht notwendig in den Salons, in denen sie entstanden ist – oder vielleicht gerade dort nicht mehr, ähnlich den charakteristischen Ruflauten gewisser seltener Vogelarten, die man auch nicht mehr in ihrem ursprünglichen Lebensraum hört, aus dem sie vertrieben wurden, aber vielleicht im Gestrüpp aufgelassener Industriegelände, zwischen rostigen Öltonnen. Es gehört allerdings das geschulte Ohr des Ornithologen dazu, die Entdeckung zu machen. Und so verlangt auch die Bestimmung von Menschentypen anhand ihrer Ausdrucksweise eine soziale Erfahrung, die viele nicht mehr haben – beziehungsweise sich nicht mehr bewusstmachen können. Sie fühlen aber die sprachliche Distinktion und können mit erstaunlich heftiger Ablehnung auf den Sound der ehemaligen Herrschaften reagieren, auch wenn diesen Sound vielleicht zum letzten Mal die Großeltern regelmäßig gehört haben, die als Dienstboten in bürgerlichen Häusern angestellt waren. Es gibt allergische Reaktionen, die in Familien epigenetisch weitergegeben werden.

Ein wohlsituierter Unternehmer, der sich hochgearbeitet hat, kann noch immer hasserfüllt auf seinen graumäusigen Buchhalter reagieren, wenn dieser sich des Jargons bedient, mit dem einst der Großmutter des Unternehmers herablassend Alimente zugestanden wurden. Der Buchhalter weiß nicht, dass er hier als Vertreter einer längst nicht mehr herrschenden Klasse[1] wahrgenommen wird, und der Unternehmer weiß nicht, dass er sich plötzlich als unehelicher Nachkomme des Zimmermädchens fühlt – aber beide stehen sich unversehens wie am Vorabend der Revolution gegenüber. Solche historischen Abgründe können in Deutschland jederzeit aufbrechen, an jedem Arbeitsplatz, in jeder Firma oder Institution, auch wenn – oder gerade weil – sich die soziale Position ins Gegenteil verkehrt hat, der Arbeiterenkel der ökonomische

---

1 Zum Missvergnügen mancher Leser verwenden wir hier den als veraltet geltenden (oder bestimmten Epochen vorbehaltenen) Begriff »Klasse« neben dem moderneren »Schicht« und dem eher kulturell definierten »Milieu«. An eine präzise Abgrenzung glauben wir nicht. Der Klassenbegriff hat den Vorzug, neben der wirtschaftlichen Stellung eine gewisse Einheit des Habitus anzudeuten, während »Milieu« vornehmlich auf diesen zielt und »Schicht« weitgehend neutral bleibt. Wir wechseln je nach Kontext, halten aber für die Gegenwart gerade das Oszillieren zwischen Durchlässigkeit und Abgrenzung für typisch.

Gewinner, der Bürgerspross der Verlierer der Zeitläufte geworden ist. »Dieser jämmerliche Loser, was bildet der sich eigentlich ein? Hält der sich etwa für etwas Besseres?!«

Und tatsächlich hält sich der Buchhalter für etwas Besseres, wenngleich er es so nicht formulieren würde, sondern nur in Formen der Verwunderung über die ungehobelte Art des Chefs, dessen geschmacklose Häuslichkeit und grell geschminkte Ehefrau – der Chef wird sie seine »Gattin« nennen, was den Buchhalter allein schon peinlich berührt. »Du kannst dir nicht vorstellen, Liebes«, wird er zu Hause seiner eigenen Frau berichten, »was ich erlebt habe, un-fass-bar! Zum ersten Mal in meinem Leben habe ich diese goldenen Wasserhähne gesehen, du glaubst es nicht! Und das, was man wahrscheinlich ein Hauskleid nennt, aus Satin! Sateng, pengpeng! Die sogenannte Gattin sah aus wie ein Plumeau unterm Bettüberwurf, also wirklich, Liebes, so etwas Grau-en-haf-tes!«

Das silbenzerlegende Skandieren von Wörtern der Emphase ist ein weiteres Charakteristikum dieses bürgerlichen Jargons von gestern, recht eigentlich wohl eines Vorkriegsjargons, der aber gleichwohl in Nischen und Ritzen der uniformierten Massengesellschaft überlebt hat. Er verträgt sich mühelos mit allen Formen der Verarmung, auch der mimikryhaften Anpassung an eine kleinbürgerliche Umgebung, denn der ehemals ökonomisch begründete Dünkel tarnte oder veredelte (schwer zu unterscheiden) sich schon seinerzeit als Überlegenheit der Umgangsformen. Es kann sich sogar eine Art bitteres Behagen im sozialen Abstieg entfalten, ungefähr der Art, dass unter erbärmlichen Umständen die kulturelle und genetische Überlegenheit um so reiner, nämlich von äußeren Privilegien unverstellt, hervortrete. Ein Bewusstsein davon – also ein Ressentiment – muss aber nicht vorhanden sein; es kann sich auch um ein vollständig unschuldiges Fortspinnen familiärer Traditionen handeln, deren Klassencharakter nicht mehr durchschaut wird. Verglichen damit zeigt sich die niedrige Herkunft eines ökonomischen Profiteurs und Aufsteigers der Nachkriegsgesellschaft offen, die Sprache der Unterschichten ist leichter zu diagnostizieren, und auch die Formen des Luxus, nach dem der Aufsteiger strebt, verrät noch deutlich den Geschmack und die Träume vom besseren Leben, die unten gehegt werden: die goldenen Wasserhähne eben, das schmiedeeiserne Treppengeländer[2], der Swimmingpool und die automatisch ein- und ausfahrenden Markisen – überhaupt viel Automatisches in allen Bereichen –, der S-Klasse-Mercedes oder Porsche und die Doppel- und Dreifachgarage. Das alles wird »geil«, »supergeil«, wenn nicht »megageil« gefun-

---

2 Nirgendwo besser zu sehen als in der alten Fernsehkrimiserie »Derrick«, die bevorzugt in Häusern des Münchner Villenvororts Grünwald spielte.

den (in dem Allgemeingut gewordenen Vokabular der Bordelle).

Jedenfalls gibt es eine Klassenspezifik der Sprache, nicht anders als in England, aber anders als dort wird sie ungern benannt. Im Grunde sind die Merkmale aber verwandt, mit denen sich die Schichten, größtenteils unbewusst, zum Teil aber mit vergifteter Absichtlichkeit, voneinander absetzen. Auffälligste Gemeinsamkeit: dass sich traditionelle Unterschicht und Oberschicht an schnörkelloser Unverhülltheit erfreuen – man geht kurzerhand aufs Klo und nicht etwa »sich die Nase pudern« –, während die Mittelschicht sich in Verklausulierungen und schamhaften Umschreibungen ergeht. Dort ist man etepetete und hat große Angst, irgend jemandem auf den Schlips zu treten, während der fröhliche Grobian vom oberen wie unteren Rand der Gesellschaft den direktesten, notfalls auch kränkenden Ausdruck sucht. Deshalb sind auch die neueren Formen der sprachlichen Etikette, der Political Correctness und gendergerechten Sprache ganz und gar Sache des akademisch gebildeten Kleinbürgertums geblieben, man kann geradezu am diesbezüglichen Eifertum die Klassenzugehörigkeit erkennen.

Das alles ist ein weites Feld, auf dem man lange verweilen könnte. Hier sei nur auf ein weiteres sprechendes Detail verwiesen – das klassenspezifisch unterschiedliche Verhältnis zum Dialekt. Das peinliche Streben nach egalitärer Hochsprachlichkeit ist ganz und gar Sache der Mittelschicht – ihr Emanzipationsverlangen besteht ja im Abstreifen von Bindungen und Herkünften jeder Art –, während der selbstbewusste Bourgeois seit je mit der Volkssprache kokettierte, mitunter war die Koketterie schon nicht mehr von dem Unvermögen zu trennen, sich anders und hochsprachlich auszudrücken. Es gibt breitesten bayerischen oder schwäbischen Dialekt bei Angehörigen der Oberschicht, und auch der (fast ausgestorbene) Berliner Großbürger hatte nicht die geringste Scheu zu »berlinern«, obwohl dies schon mehr als bloßer Dialekt, eigentlich ein Soziolekt ist – ganz im Gegensatz zu der Tochter seines Hausmeisters, die ihre Gören im Kinderwagen anzufauchen pflegte: »Wenn de weiter so berlinerst, kriegste eine jeschallert.«[3]

Es ist wie stets eine Frage der Angst. Die Mittelschicht hat viel zu verlieren und dementsprechend viel Angst. Die Unterschicht hat nichts zu verlieren, weil sie über nichts verfügt, schon gar nicht über den Respekt ihrer Umgebung und gesellschaftliche Anerkennung, die sie durch unangemessene Ausdrucksweise verspielen könnte. Die Oberschicht wiederum verfügt über genügend Ressourcen, um viele davon auch zu verschleudern – mit ihrem finanziellen wie symbolischen Kapital verhält es sich wie mit dem Hausrat des römischen Multimillionärs Lukullus, der einmal gesagt haben soll, nur der sei

---

3 Aber gerade dies typisch berlinisch: »eine schallern« – lautmalerisch für »eine Ohrfeige geben«.

arm, der etwas vermisst, nachdem Diebe in seiner Wohnung Beute gemacht haben.[4]

Aber all dies, die erheblichen, teils atemberaubenden Unterschiede in Herkommen und Gegenwart, in Geld und Habitus, bildet sich im öffentlichen Leben Deutschlands kaum ab. Es lässt sich schon gar nicht auf der Straße beobachten, auch nicht im Büro, kaum in Restaurants, mit winzigen Andeutungen vielleicht noch in Konzertsälen oder bei anderen tendenziell festlichen Gelegenheiten. Man muss, um einen Eindruck von den Unterschieden – und dementsprechend von der Camouflage des öffentlichen Auftretens – zu bekommen, schon sehr nahe an die Menschen herankommen, vielleicht sogar in ein intimes Verhältnis zu ihnen treten. Die soziale Identität der Deutschen ist ein eifersüchtig gehütetes Geheimnis, vielleicht ihr größtes Geheimnis, eine scham- und peinlichkeitsbewehrte Nacktheit.

Und wenn es sich so verhält – denn natürlich ist es nur eine These –, wenn es sich um eine tief empfundene Nacktheit handelt, dann ist es natür-

---

4   Lukullus durfte einen Einbruch beispielsweise in seine Garderobe tatsächlich nie bemerkt haben, weil er allein fünftausend Mäntel besessen haben soll. Wer dies für eine legendenhafte Übertreibung hält oder für etwas, was in der Neuzeit nicht mehr vorkam, sei nur an den Premierminister August des Starken erinnert, den Grafen Brühl, in dessen Nachlass sich 800 kostbare Schlafröcke, 2000 Paar Schuhe und 1500 Stiefel aus seinem persönlichen Besitz fanden. Modische Zurückhaltung ist keine deutsche Traditionstugend, sondern eine Sache der Moderne und des Bürgertums.

lich nur konsequent, ihre Verhüllung in der Mode zu suchen. Kleider bedecken seit jeher die Scham. Und natürlich eröffnet sich dann auch die Möglichkeit, mit dem Bedecken und Entblößen, dem Andeuten und Entziehen ein sozial-erotisches Spiel zu treiben – die Patek-Philippe unter dem T-Shirt-Ärmel hervorblitzen zu lassen, den Ferrari-Schlüssel aus der Jogginghose zu ziehen oder die speckige Kunstlederhandtasche bei Prada zu kaufen. Es gibt wenige Sondermoden, die eine eindeutige soziale Identifizierung erlauben, spontan fällt mir überhaupt nur eine einzige ein, die kurioserweise nun schon über Jahrzehnte stabile Kleidung mit Khakihosen[5], Tweedjacken und Blazern. Diese ist aber nur in einer winzigen Nische zu Hause, streng genommen eine Marotte demonstrativer, weltfremder Milieutreue, eine Kinderei, vielleicht auch partielle Unfähigkeit, mit der Zeit zu gehen, die nichts Repräsentatives über das Abgrenzungsbedürfnis einer Oberschicht aussagt, die im allgemeinen entschieden scheut, öffentliche Signale der Distinktion auszusenden. Im Gegenteil herrscht auch hier die Neigung zu Sweatshirt, Baseballkappe und Sneaker

---

5 Heute eher »Chinos« genannt, aber nicht von den Leuten, die sie in der erwähnten Weise kombinieren, die wohl ehemals etwas Britisches, Ländliches haben sollte, aber heute überall auf der Welt, nur nicht mehr so recht in England verbreitet ist. Übrigens wird im Slang der deutschen Upperclass auch von Jacken oder Jacketts gesprochen, niemals von Sakkos, weil Letzteres als Terminus des Konfektionshandels gilt.

wie bei den Milliardären des Silicon Valley – sie wollen ganz nahbar erscheinen, auf keinen Fall, als hielten sie sich für etwas Besseres. Die unüberwindlichen Hürden, die ihr Vermögen errichtet, genügen ihnen zu Schutz und persönlichem Komfort vollkommen.

So passt auf der Oberfläche der deutschen Gesellschaft nichts zusammen und soll auch nichts zusammenpassen, was wiederum nur heißt: Es wird eben alles verborgen. Der Deutsche will nicht nur nicht zeigen, wer er ist, er will es auch selbst nicht wissen. Ahnungslosigkeit über die eigene soziale und familienhistorische Prägung ist weit verbreitet, wenn nicht vorherrschend – mit Ausnahme jener Selfmademen, die sich öffentlich ihren Aufstieg aus beklemmenden Verhältnissen zugute halten[6] –, und noch größer die Ahnungslosigkeit gegenüber der Prägung von Kollegen, ja Freunden, sogar Geliebten und Ehepartnern. Die Camouflage funktioniert. Nur im Unbewussten der Kollektivseele rumort

---

6 Der frühere Kanzler Gerhard Schröder, der ehemalige VW-Vorstandsvorsitzende Martin Winterkorn, der einstige Audi-Chef Rupert Stadler, der Modephilosoph Peter Sloterdijk. Oft werden diese Gestalten, wenn sie den Zenit ihrer Karriere überschritten haben, allerdings von den mafiosen Instinkten ihres Herkunftsmilieus eingeholt und verwickeln sich in schmutzige Geschäfte, dubiose Abhängigkeiten u. dergl. Bei Sloterdijk zeigte sich der Herkunftskomplex eher in einer unbeherrschbaren Bewunderung für höhere Kreise; einmal wurde er von der niederländischen Königin eingeladen und konnte sich vor Stolz darüber nur schwer wieder beruhigen (nachzulesen in seinen Tagebüchern).

noch etwas von den Abwehrinstinkten, die in Jahr-
tausenden des Klassenkampfes akkumuliert, heute:
sedimentiert sind.[7] Die Unfähigkeit, sich und andere sozialhistorisch einzuschätzen (im Gegensatz
zu der jederzeit neidvoll möglichen finanziellen Ver-
ortung), hat vielleicht auch mit der ehemals bei-
spiellosen Trennung der Klassen zu tun, die sich in
Frankreich beispielsweise viel früher mischten, auf
wirtschaftlichem wie ökonomischem Parkett begeg-
neten, nachzuahmen, zu bewundern und zu hassen
lernten. In Deutschland überwogen Absonderung
und Unkenntnis; eklatantes Zeugnis dafür ist in
der Literatur des bürgerlichen Realismus die Ab-
wesenheit von Figuren aus dem Adel, den ja in der
Tat nur Schiller und Fontane näher kannten. Es
fehlte überhaupt (und fehlt eigentlich bis auf den
heutigen Tag) der Gesellschaftsroman in der Art
eines Balzac, Flaubert, Dostojewski oder Proust,
die das Spannungsverhältnis der Klassen psycho-
logisch lesbar machten. Der Deutsche ist ein so-
ziologischer Analphabet; auch dies mag zu seiner
Tapsigkeit beitragen.

Es gibt aber noch etwas anderes, das die deutsche Gesellschaftsstruktur nur schwer lesbar macht,

---

7 Ein Beispiel ist der Junkerhass, der sich bei überraschenden
Gelegenheiten und oft ganz unapropos bei bloßer Erwähnung adliger Namen artikuliert, insbesondere in den alten Stadtrepubliken
der Hanse und vor allem bei Leuten, die keinerlei persönliche Erfahrung mit dem Adel verbindet.

auch für Leute vom Fach. Am ehesten lässt es sich mit dem Bild einer geologischen Umschichtung begreifen. Wer einen Garten oder eine Landwirtschaft am Gebirgsrand oder im Umfeld einer eiszeitlichen Endmoräne hat, wird das Phänomen kennen: Auf ein und demselben kleinen Stück Land können Lehm und Sand, sogar unterschiedliche Gesteinsstrukturen abwechseln. Was sonst in der Vertikalen, in der Tiefe des Bodens aufeinanderfolgt, liegt hier plötzlich in der Horizontalen nebeneinander. Der Grund liegt in der Faltung der Schichten, sei es bei der Entstehung eines Gebirges oder bei der Ablagerung der Erdmassen, die ein Gletscher vor sich herschiebt. Und genauso haben die historischen Umwälzungen, die verlorenen Kriege, Vertreibungen und gesellschaftlichen Umbauten beider deutscher Diktaturen die sozialen Schichten aus der Vertikalen in die Horizontale gebracht – mit dem Effekt, dass in einem Berufsfeld, das früher einer Klasse allein gehörte, nun Abkömmlinge aller Klassen nebeneinander auftreten, in der Anwaltskammer etwa vom proletarischen Aufsteiger über den Traditionsbürger bis zum adligen Absteiger alles vertreten ist.

Ähnlich gemischt sind Lehrerkollegien, Handelsunternehmen, Verwaltungsbüros (weniger die Konstruktionsbüros der Ingenieure), viele Banken und Versicherungen, überhaupt die Angestellten- und Beamtenwelt. Handwerksbetriebe haben sich nicht mit dem Abhub gefüllt, aber wenigstens ein

Pflasterbauer adliger Herkunft ist mir schon untergekommen.[8] Erst recht gehören die Parteien nicht
mehr einer oder wenigen Schichten allein; viele
Großbürger, überhaupt große Teile der bürgerlichen Intelligenz sind in die SPD eingewandert, viele
Kleingewerbetreibende, sogar Arbeiter in die CDU,
Aufsteiger schon lange in die FDP und nicht erst,
seit die Partei diese eigens anziehen will.

Für den sozialen Frieden in einer Institution – für
die Illusion, gemeinsam an einem Strang zu ziehen –
ist es allerdings unabdingbar, die Unterschiedlich-
keit der Herkünfte nicht zu adressieren, am besten
gar nicht anzusprechen. Was wäre aus der SPD in
ihren großen Nachkriegsjahren geworden, wenn
sie den Bürgerlichen in ihren Reihen wie Reuter,
Voscherau, Hans Jochen Vogel oder Klaus von Doh-
nanyi die Herkunft zum Vorwurf gemacht hätte?
Und was hätten sich CDU und CSU angetan, wenn
sie sich dem Werkzeugmacher Norbert Blüm oder
dem Metzgersohn Strauss verschlossen hätten? Erst
recht eine Lehrerschaft, Zeitungsredaktion, Firmen-
leitung geriete in gefährliche Unwucht, wenn stets
bewusst wäre, dass ein Posten dort für den einen
Ziel der Karriere, für den anderen nur Zwischen-
halt auf dem Abstieg, wenn nicht dessen Endpunkt
bedeutet. So hat die soziale Blindheit auch ihren

---

8   Ein Vertriebener natürlich, aus Schlesien. Andere Mitglieder
seiner Familie haben es etwas besser getroffen und sind in Kirche
und Entwicklungshilfe untergekommen.

funktionalen Sinn – aber ebenso gewiss wäre sie
nicht zu verordnen, wenn sie nicht einem schon
vorhandenen, herrischen Verlangen nach Gleichheit
entspräche und von den historischen Umschichtungen der Gesellschaft profitierte, die den meisten
Deutschen nicht durchsichtig sind.[9]

Die Intransparenz sichert den sozialen Frieden,
setzt aber auch den berechtigten Argwohn frei, die
ganze Wahrheit niemals zu erfahren, nicht einmal über den Nachbarn oder Arbeitskollegen. Jeder könnte sich heimlich für etwas Besseres halten. Doch öffentlich diskutieren lassen sich nur
Einkommensunterschiede. Die Wut, mit der dies
anfallsweise geschieht – Stichwort: wachsende Ungleichheit –, verrät eine viel tiefer gehende Verunsicherung. Wer sind die anderen? Und wenn ich
das nicht weiß, wer bin ich dann überhaupt? Weil
die soziale Identität so unsicher ist, wachsen Anpassungsbereitschaft und Anpassungsdruck und

---

9 Auf dem historischen Auge sind auch die Sozialwissenschaften meist blind, sie untersuchen Berufsgruppen, Milieus und Einkommensschichten für einen gegebenen Zeitraum, selten nach
der sozialen Mobilität ihrer Angehörigen über mehr als zwei Generationen hinweg. So kann auch der »Elitenforscher« Michael
Hartmann zu dem jeder Anschauung widersprechenden Befund
kommen, dass sich die Wirtschaftseliten aus sich selbst heraus ergänzten und keine Aufsteiger zuließen. Er unterschlägt, dass jene,
die ihre Kreise heute geschlossen und für ihren Nachwuchs exklusiv halten wollen, ihrerseits eben erst aus der Hefe des Volkes
aufgestiegen sind.

der Wunsch, keinen Kopf aus der Menge zu recken noch zu dulden, dass dies jemand anderes tut.

So viel zum Herdenleben der Deutschen – es besteht wesentlich in dieser Anpassung, in Tarnung, sozialer Kontrolle; in nachgetragenem Klassenhass und der Furcht vor eben diesem; alles zusammen genommen: in großem gegenseitigem Misstrauen.[10]

---

10 Vielleicht ist die deutsche Identität überhaupt nur das Surrogat einer Gemeinsamkeit, die untereinander und im alltäglichen Verkehr nicht erlebt werden kann.

Balzkleider

ABER wie misstrauisch auch immer, teilen sich die Herdentiere doch gemeinsame Wasserstellen und Plätze der Äsung. Nur freilich fällt auf, wie wenig über Restauranttische hinweg oder am Tresen ein Gespräch zwischen Unbekannten entsteht oder auch nur freundliche Blicke gewechselt werden, wie es in Italien oder der iberischen Welt üblich wäre. Man blickt eher wie am Hotelpool von einem jener Liegestühle zum anderen, die frühmorgens in einem Akt feindlicher Eroberung mit dem Handtuch markiert werden. Man vermeidet auch, durch Neugierde aufzufallen, wie wir es jetzt leider tun, da wir müde und hungrig von unserer Expedition eine Gaststätte betreten. Ausnahmsweise sind noch dazu wir auffällig durch unsere Outdoor-Kleidung, denn in der Gaststätte wird gerade eine Konfirmation gefeiert. Oder eine Hochzeit? Oder Einschulung? Jedenfalls zeigt sich der typisch deutsche Dimorphismus der Geschlechter wie bei allen festlichen Gelegenheiten. Er besteht darin, dass die Männer weiterhin alltagsnah gekleidet sind, während sich die Frauen auf geradezu aberwitzige Weise in Schale werfen, gerne schon mittags lange Kleider tragen (die älteren) oder mit unglaublichen Hängekleidchen, fast schon Baby Dolls der Sechzigerjahre, und mit hochgestemmtem

Dekolletee dem Erscheinungsbild eines Playmate nacheifern (die jüngeren, aber nicht nur die).[1]

Woher kommt der Dimorphismus, der so ausgeprägt sonst nur in den USA oder in der Vogelwelt zu beobachten ist (dort aber andersherum, mit grauen Weibchen und überdekorierten Männchen)? Jedenfalls hat sich das Phänomen, das in der Unterschicht schon länger währt, langsam über das Kleinbürgertum bis in die Mittelschicht hineingefressen; und wahrscheinlich beruht es auf jener Dramatisierung von Männlichkeit, wie sie auch im Hollywoodfilm der letzten Jahrzehnte vollzogen wurde.

Frauen schmückten sich immer. Aber der gut angezogene, um seine Kleidung geradezu ängstlich besorgte, demonstrativ gepflegte, fast sichtbar parfümierte Filmstar in der Art eines Cary Grant, Montgomery Clift oder James Stewart verschwand und wurde durch einen Typus ersetzt, wie ihn Bruce Willis in den Folgen der »Die Hard«-Filme verkörperte, den schwitzenden, leicht abgerissenen, aber muskelbepackten Monteur, der von ganz unten kommen muss, um die verkommenen Verhältnisse ganz oben aufzuräumen.[2] Nur er kann das ent-

---

1 Diese und folgende Beispiele sind willkürlich gewählt. In anderen Städten, Stadtvierteln oder schon übermorgen kann anderes typisch sein. Es geht nur um den Verkleidungsehrgeiz der Frauen, der so sehr vom »naturbelassenen« Erscheinungsbild ihrer Begleiter absticht.

2 Das ist die Rolle, keine Eigenschaft des Schauspielers. Bruce Willis hat auch andere Typen dargestellt, nur viel weniger populäre;

zückende Weibchen erlösen/befreien/schützen, das dort in Gefahr geraten ist. Ganz offensichtlich taugte der Gentleman im gebügelten Hemd nicht mehr dazu, einen echten Kerl darzustellen – den guten Macho, von dem die Frauen, aber vielleicht auch die Volksmassen träumen. Männlichkeit vertrug sich nicht mehr mit Manieren. Wirkten sie am Ende sogar effeminierend? Die Anhänger eines Emanzipationsideals, das von Angleichung der Geschlechter und der Entdramatisierung ihrer Unterschiede träumt, müssten die bittere Wahrheit ins Auge fassen, dass ihr Traum in zwei Dritteln der Gesellschaft nicht geträumt wird.[3] Dort gilt das ungeschliffene Rauhbein als Inbegriff wünschenswerter Männlichkeit, und diese beglaubigt sich am besten, wo Schweiß und Motoröl die reich tätowierte Haut überglänzt.

Und so werden wir auch in unserer Gaststätte, in der ein peinlich berührter Jüngling gerade gymnasial eingeschult, konfirmiert oder unter die Haube gebracht wird, das Püppchen oder die Matrone im Abendkleid neben dem Motorradrocker sehen, den hochgestylten Vamp neben dem Ringer im Muscle-Shirt, die Lolita mit angeklebten Wimpern,

---

zum Beispiel den verzweifelnden Geschäftsmann auf dem Weg des Abstiegs ganz nach unten.

3 Dieser Realitätscheck erübrigt sich selbstverständlich, sollte es der Linken nicht mehr darum gehen, die Gesellschaft zu verändern, sondern nur das eigene Milieu und dort neue Benimmregeln durchzusetzen.

kunstvoll verlängerten Fingernägeln (sogenannten Nails[4]) und goldbronziertem Minirock (Reißverschluss hinten) neben dem verschrammten Hobbyschrauber im Werkstattdress.

Wir könnten nun noch zu einem Betriebsfest, einer akademischen Inaugurationsfeier oder zum Grillabend eines Tennisvereins gehen. Aber die Konstellation würde sich nicht wesentlich ändern. Vielleicht fehlten die Motorradjacken, die Springerstiefel, das gepiercte Ohrläppchen. Die Klamotten legerer Männlichkeit könnten auch sehr teuer sein – der Proletlook wird von vielen Luxusmodemarken bedient –, aber der Abstand zur weiblichen Garderobe würde erhalten bleiben. Wir werden immer dasselbe Bild, wenn auch mit abnehmendem Glamour beobachten, die aufgemaschelte Frau, den abgetakelten Mann. Oder, um es dezenter zu formulieren, den Mann, der sich demonstrativ um Formlosigkeit bemüht, und die Frau, die bei den Feierlichkeiten noch unter Beweis stellen will, dass sie Formen, Schönheits- und Angemessenheitsmuster beherrscht.

Die Aufmachung der Frau ist ein Kompetenznachweis. Die Aufmachung des Mannes ist ein Nachweis, dass er solcherlei Kompetenz nicht bedarf, sondern schon im Rohzustand genügt. Im

---

4 Das englische Wort markiert hier das Künstliche, das deutsche den unansehnlichen Naturzustand, der in diesem Milieu als Zeichen von Ungepflegtheit verachtet wird. Die Vergötzung der Natur ist ein Mittelstandsphänomen.

universitären Rahmen wäre auch vorstellbar, dass er seine Unabhängigkeit von Äußerlichkeiten nachweisen will (freilich nicht von den gerade stattfindenden akademischen Saturnalien zu seiner Ehre). In jedem Fall ruht die Last, jeden Eindruck elitären Dünkels, persönlicher Eitelkeit zu vermeiden, auf den Schultern des Mannes. Es ist seine Verantwortung zu zeigen, dass sich hier niemand für etwas Besseres hält, weder der Geschäftsführer noch der Juniorprofessor, und alle zusammen einen keineswegs herausgehobenen Platz in der Masse der werktätigen Bevölkerung beanspruchen.

Exkurs: Die Diktatur des Proletariats unter den Bedingungen des Kapitalismus

ALLERDINGS ist zu fragen, warum die offenbar so notwendige Illusion von Gleichheit ausgerechnet durch Angleichung nach unten erzeugt werden muss. Sie könnte ja auch, wie es jahrhundertelang der Fall war, durch Übernahme und Imitation von Kleidung und Habitus der höheren Schichten angestrebt werden, und wer die Filme und Fotos der Kaiser- und Zwischenkriegszeit betrachtet, sieht dort tatsächlich den tapferen Proletarier (vom Handwerker ganz zu schweigen) in Schlips und Kragen, mit allen Insignien eines Bürgerstolzes, der ihm schließlich auch zustehen würde, wenn es weniger ungerecht zuginge – beziehungsweise die Revolution endlich Gerechtigkeit herstellte. Der manierliche und strenge Auftritt, ebenso wie die traditionell strenge Kindererziehung, war geradezu ein Vorgriff auf die Revolution, Anmeldung des Anspruchs, ebenfalls zu regieren und für Zucht und Ordnung in der Gesellschaft sorgen zu können.

In dem gescheiterten Experiment eines Sozialismus auf deutschem Boden hat die Arbeiterklasse sogar demonstriert, wie das geht und wie sie, einmal an der Macht, vor allem die bürgerlichen Tra-

71

ditionen zu pflegen, sich anzueignen und weiterzu-
entwickeln trachtet, vom hellen Sommeranzug des
Parteivorsitzenden bis hin zur vorbildlichen Pflege
des musikalischen Erbes, auch des entlegenen, für
das im Westen, wo alles an der Kasse entschieden
wird, das Publikum fehlte.

Indes blieb die DDR Episode, eine schmerzhafte
Nostalgie hinterlassend. Der Westen Deutschlands,
der die sozialistische Ruine übernahm, hatte längst
einen anderen Weg eingeschlagen, nicht etwa den,
der es den Arbeitern erlauben sollte, »die Höhen
der bürgerlichen Kultur zu stürmen«, wie das berühmte Schlagwort der Weimarer Republik lautete,
sondern den, der es den Bürgern umgekehrt un-
möglich machen sollte, auf den Höhen dieser Kultur zu bleiben. Alle Politik der SPD seit den sieb-
ziger Jahren des vorigen Jahrhunderts zielte darauf,
die gesellschaftliche Emanzipation nach unten zu
organisieren. Zu diesem Zweck wurde die Hochkultur unablässig als unverdientes Privileg, als
elitär und bürgerlich denunziert, das Bürgerliche
wiederum als immer schon verlogen, heuchlerisch,
ausbeuterisch. Es sollte, kurzum, für die »unter-
privilegierten« Schichten gar nichts von Wert geben, dem nachgeeifert werden könnte. Es musste
auch nichts gelernt werden, es war kein Defizit
auszugleichen, der einfache Mann sollte erkennen,
dass er so, wie er war, schon vollendetes Menschsein
darstellte und durch die sogenannte Hochkultur
nur verdorben würde.

Woher kam dieser plötzlich aufflammende Radikalbolschewismus, der selbst in den sozialistischen Staaten (die es ja damals noch gab) ohne Vorbild war und den Lenin und Trotzki selbst noch fünfzig Jahre zuvor als regressiven »Proletkult« verdammt hatten?[1] Vielleicht hatte das Ausbleiben einer wirklichen Revolution (nicht nur einer sowjetisch oktroyierten wie in der DDR) die Resignation ausgelöst, die auch allen kulturellen und zivilisatorischen Ehrgeiz implodieren ließ. Der Proletarier, der auf der Straße nichts gewinnen konnte, sackte im Unterhemd und mit einem Bier in der Hand vor dem Fernseher zusammen. Die Funktionäre, denen es auch in den linken Siebzigerjahren nicht mehr gelang, ihn zu mobilisieren, gingen dazu über, seine reduzierte Existenz zu verklären, ihn als eine Art ursprünglichen, unverbildeten Menschen hinstellend, der den verkommenen Eliten moralisch überlegen trotzte – statt ihnen nachzueifern.

Den Eliten konnte das nur recht sein. Der Proletarier oder im weitesten Sinne Angehörige der arbei-

---

1 Verfechter des Proletkultes waren etwa Alexander Bogdanow und Anatoli Lunatscharski; eine deutsche Plattform bildete in den Zwanzigerjahren die Zeitschrift »Die Aktion«, aber das Ideal des autochthonen, von keiner bürgerlichen Kultur entfremdeten Proletariers kam vor allem über Antonio Gramsci in die westdeutsche Bundesrepublik zurück. Leider nicht nur dorthin. Auch die maoistische Kulturrevolution bezog ihre mörderischen Energien vom Proletkult, erst recht taten das die Roten Khmer, die bekanntlich schon Brillenträger für ihren optischen Mangel an Volkstümlichkeit töteten.

tenden Unterschicht, der nichts mehr als eben dies zu sein beanspruchte, versprach einen langen Waffenstillstand im Klassenkampf. Die Frage war nur, wie man dessen selbstgenügsame Resignation auf Dauer stellen konnte – und die Antwort, die darauf gefunden wurde, fiel ebenso tückisch wie genial wie vollkommen undurchsichtig aus. Sie bestand darin, dem Proletkult zuzustimmen – und das Ideal des ungebildeten, ungehobelten »kleinen Mannes« mit dem Herzen auf dem rechten Fleck für die ganze Gesellschaft zum Leitbild zu erklären. Überall wurde das Elitäre und Abgehobene inkriminiert, vor allem von den Eliten selbst. Die Unternehmer taten, als lebten sie am liebsten wie Arbeiter, damit diese nie wieder auf den Gedanken kämen, lieber wie Unternehmer zu leben.

Erstes und sichtbarstes Zeichen war das Ende von Anzug und Krawatte, von formeller Kleidung am Arbeitsplatz.[2] Alle sollten quasi im Blaumann erscheinen, damit kein weißer Kragen auf die faktisch unangefochtene Hierarchie verwies. Gleichzeitig begann die Abwertung aller früheren Epochen, in denen sich Klassengegensätze noch deutlich abgebildet hatten – also fast der gesamten deutschen Geschichte. Kein marxistischer Historiker wäre auf die Idee gekommen, Politiker des 19. Jahrhun-

---

2 Als erster hat wahrscheinlich der Philosoph Panajotis Kondylis beschrieben, wie die antibürgerlich und emanzipatorisch gemeinte Modernisierung den Werktätigen nicht genutzt, sondern deren Ausbeutbarkeit gesteigert hat.

derts als bürgerlich, Monarchen früherer Zeiten als feudalistisch zu kritisieren; dass sie Klasseninteressen vertraten, war ihm selbstverständlich. Erst die neue Linke ersetzte Gesellschaftsanalyse durch Sozialmoral und glaubte, die Zukunft durch Denunziation der Vergangenheit zu gewinnen.

Sämtliche Traditionen verfielen so nach und nach einem ahistorischen Verdikt der Bürgerlichkeit, auch solche, die gar nicht bürgerlicher, sondern vormoderner Herkunft waren. Sitten und Gebräuche bäuerlichen Lebens, des Handwerks, der Kirchen, aber auch Relikte der alten Arbeiterbewegung, ihre Umständlichkeiten und Höflichkeiten, wurden zum Fortschrittshindernis erklärt – kurzum, alles, was den Menschen noch gebunden und davor bewahrt hatte, sich mit Haut und Haar dem Verwertungsinteresse des Kapitals auszuliefern.[3] Das Deutsche selbst galt schließlich als »bürgerlich« im Sinne des Abgelebten, als Modernisierungshindernis, wie dies noch heute, vielleicht unbewusst, von jenen empfunden wird, die es für fortschrittlich und aufgeklärt halten, sogar daheim, im Café oder an der Universität englisch zu sprechen.

Wenig später setzte der Kampf gegen die berühmten »Schwellen« ein, hinter denen sich die bürger-

---

3 Über die fatale Zurichtung ehemals selbstbewusster Arbeiter und Bauern durch Zerstörung ihrer Traditionen hat Pier Paolo Pasolini in seinen »Freibeuterschriften« das Entscheidende schon 1975 gesagt. Damals ging der Prozess in Westdeutschland erst so richtig los.

liche Kultur, Museen, Theater, Gymnasien angeblich volksfremd verschanzt hätten – aber nicht indem man den bildungsfernen Schichten die Überwindung der Schwellen erleichterte, sondern indem man das Niveau senkte. »Zugänglichkeit« wurde zu einer Art letztem moralischen Wert in der öffentlichen Kommunikation über Bildung und Kunst, Publikumszustrom der Maßstab für die Qualität einer Sammlung, eines Theaters, einer Universität. Die »Einschaltquote«, mit der das öffentlich-rechtliche Fernsehen seinen Anspruch auf Gebühreneinziehung rechtfertigt, war das Vorbild.

Selbstverständlich entstand keine echte neue Zugänglichkeit, nur die Bildungsinhalte wurden auf Zugänglichkeit hin beschnitten, zuletzt noch einmal drastisch durch Einführung der Bachelor-Studiengänge, die eine Art Studium light für die Volksmassen organisierten, diese dabei zuverlässig von dem Eigentlichen der Wissenschaften fernhaltend. Man musste nicht fürchten, dass eine neue gefährliche Intelligenz am unteren Rand ensteht, eher entstand ein neues Heer schlecht ausgebildeter Arbeitskräfte, die mit Minilöhnen oder gänzlich unbezahlten Praktikumsstellen zufriedenzustellen waren.

Aber wie auch immer, konnte sich der »kleine Mann« doch im Mittelpunkt von Förderung und Aufmerksamkeit fühlen, Anerkennung gegen sozialen Fortschritt tauschend – falls die Botschaft überhaupt an ihn adressiert war. Denn es ist keineswegs auszuschließen, dass der Kulturkampf vor allem dazu diente, das Gewissen der Besitzenden zu beruhigen, die ohnehin größtenteils aufgehört hatten, nach Bildung zu streben (das Geld genügte), oder dass es sich bei Verfechtern wie Profiteuren der Niveausenkung um Angehörige ein und derselben eher kleinbürgerlichen Schicht[4] handelte, die sowieso den intellektuellen wie den eigentlich sozial mobilen Teil der Bevölkerung stellt. Diese Mobilität wurde fraglos erleichtert.

Zu einem Umbau der Gesellschaft kam es jedenfalls nicht, es gelang aber die Tarnung der Besitzenden, die nur Habitus und Gesten kultureller Überlegenheit aufgeben mussten, doch Macht und Geld behalten konnten. Geld lässt sich leichter dem Blick

---

4 In der älteren Soziologie noch ein fester Begriff, heute umstritten und nicht mehr gerne verwendet. Man erkennt den Kleinbürger geradezu daran, dass er vorgibt, nicht zu wissen, was ein solcher sei. Wenn es ihm zu dämmern beginnt, behauptet er schnell, das seien sowieso alle. Damit hat er in gewisser Hinsicht recht, denn Kleinbürger bilden die berühmte »Mitte der Gesellschaft«. Sie sind übrigens niemals jung; sie entstehen im Zuge eines Alterungsprozesses, der Hoffnung durch Rechthaberei ersetzt. Charakteristisch ist die Sprache: Sie »erfrischen« sich gerne, lassen »die Seele baumeln« oder gehen »einen Happen essen«. Sie kippen keinen hinter die Binde, denn das tut nur der Prolet, sie »genehmigen sich einen«. Bei jeder Gelegenheit ziehen sie die Schuhe aus und »machen es sich bequem«. Das haben sie »verdient«, wie so vieles, vor allem den »verdienten Ruhestand«. Wer sie in der »Ruhe« stört, muss mit einer Anzeige wegen »Ruhestörung« rechnen, das ist ihr Lieblingswort. Das Kleinbürgermännchen fühlt sich mit einem Brillantknopf im Ohr fast als Hippie. Während es sich piercen lässt, geht das Weibchen zum Tangokurs, »um sich wieder als Frau zu fühlen«. – Noch ein Kriterium: Wenn ein Kleinbürger etwas nicht versteht, fühlt er sich beleidigt.

entziehen als ein Habitus. Im übrigen strengt bloßer Geldbesitz auch weniger an. Die Oberschicht der deutschen Nachkriegsrepublik tauchte widerstandslos unter, sie ließ sich in das Bad der Menge fallen mit einem Aufseufzen der Erleichterung, das tatsächlich etwas von echter Sehnsucht nach dem Leben der »einfachen Leute« verriet. Endlich musste man auch oben nichts Schöneres kennen als Helene Fischer, nichts Höheres verehren als eine Harley Davidson und konnte seine vollständige Verständnislosigkeit für komplizierte Opern angstfrei eingestehen, mehr noch: mit dem Kultur- und Bildungsverzicht zeigen, dass man auch ein Herz auf dem rechten Fleck hatte.

Es ist heute nicht mehr leicht zu datieren, aber am Ende des Prozesses stand jener »kollektive Hass aufs Komplizierte«[5], der heute die deutsche Öffentlichkeit, Medien, Politik und Kultur beherrscht. Das sozial nicht befriedigte – oder nur scheinhaft, durch Camouflage befriedigte – Verlangen nach Gleichheit wurde an der kulturellen Sphäre exekutiert, dort aber blutig und gründlich.

Und nirgendwo blutiger und gründlicher als in der Unterhaltungsindustrie. Kein Fernsehkommissar, der nicht mit Unterschichtenmerkmalen für Sympathie sorgt, selten ein Bösewicht, der nicht schon durch Villenbesitz oder im Anzug mit Weste für

---

5 Eine Formulierung des Historikers und Publizisten Gustav Seibt.

Misstrauen sorgt. Bürgerlichkeit ist untrügliches Kennzeichen für einen Bösewicht, noch untrüglicher erkennt man ihn daran, dass er klassische Musik hört. Was muss das für ein kranker Charakter sein, dass er Beethoven liebt! Natürlich ist keineswegs sicher, ob das Publikum wirklich so denkt, aber sicher ist, dass die Sender nicht nachlassen beim Versuch, dem Publikum eine solche Sichtweise nahezulegen, vielleicht erzeugen sie den Klassen- und Bildungsargwohn überhaupt erst, um der ungebildeten Mehrheit ihres Publikums zu schmeicheln. Jedenfalls ist der erneuerte Proletkult unserer Tage größtenteils ein Werk von Medien und Unterhaltungsindustrie. Vielleicht ist dort auch der Urheber des teuflischen Schachzuges zu finden, dem Proletarier die menschliche Vorbildlichkeit seiner Lebensumstände einzureden, um ihn von Forderungen nach materieller Verbesserung dieser Umstände abzubringen. Ganz sicher aber hat die *Bild*-Zeitung schon vor Jahrzehnten begonnen, ihren Lesern in dieser Absicht zu schmeicheln und sie als eigentliche Inhaber der Macht zu behandeln, deren goldenes unverbildetes Herz die Waage sei, die über Recht und Unrecht, Wert und Unwert in der Gesellschaft richte.

Selbstverständlich nimmt die *Bild*-Zeitung für sich in Anspruch, dass sie es ist, die das Ohr am goldenen Herzen des »kleinen Mannes« hat und seinen Pulsschlag richtig zu deuten weiß. Aber nicht sie allein. Auch in der Mitte und auf der linken Seite des politischen Spektrums wird alles getan, um jener Kunstfigur zu huldigen, die man für den Repräsentanten des Volkswillens hält. Aus dem ursprünglich herablassend scherzenden Wort vom »kleinen Mann« ist eine Drohkulisse geworden. An ihm muss alles ausgerichtet werden, auf seinem Altar alles geopfert werden. Bayreuther oder Salzburger Festspiele gelten als elitär, Schlagerfestivals dagegen als wertvolle »Umsatzbringer«. Über Opern darf gespottet werden, Musicals sind sakrosankt. Die aberwitzige Gewaltphantasie und brutale Egomanie, die populären Videospielen zugrunde liegt, ist unkritisierbar, weil Millionen von Usern nicht irren können. Selbst die Feuilletons (ehemals) bürgerlicher Zeitungen fühlen sich regelmäßig gezwungen, sexistischen Rappern oder anderen Helden eines verrohten Milieus zu huldigen, um nicht als verschnarcht oder weltfremd zu gelten – und das wären sie andernfalls auch. Hochkultur ist ein Schimpfwort, aber Popkultur ist gut.[6]

---

6 Aber selbst innerhalb der Popmusik darf nicht nach ästhetischen Kriterien geurteilt werden, gut ist nur und genau das, was massenhaften Zuspruch findet. Wenn Musikkritiker einwenden, dass dieser grobe Maßstab unterschlage, wie hoch die Fallhöhe zwischen Musikern sei, die allesamt dem Pop zugeschlagen werden, und dass es hier doch Raffinierteres und weniger Raffinierteres, Komplexes und Unterkomplexes gebe, wird sofort eingewandt, dass diese Unterscheidung bürgerlich und elitär sei und der Popmusik und ihrem Publikum unangemessen, eigentlich volksfeindlich. Ein vulgärdemokratisches Kunstverständnis (die Mehrheit entscheidet) findet hier Anschluss an den Proletkult, insofern unterstellt wird, ein ungeschulter und undifferenzierter Geschmack sei Ausweis eines authentischen Musikzugangs.

Diavortrag

NEHMEN wir einmal an, ein Deutscher würde von irgendwoher nach Hamburg ziehen. Nach einem oder zwei Jahren würde er klagen, noch immer keinen Anschluss gefunden zu haben – wie würden die Hamburger reagieren? Würden sie den Mann für einen Narren, einen Eigenbrötler, einen sozial unbegabten Menschen halten? Oder würden sie hektische Betriebsamkeit entfalten, um dem Unglücklichen Kontakte und Einladungen sonder Zahl zu verschaffen? Nein, keineswegs, nichts von alledem. Die Hamburger würden den Mann für durchaus normal, aber auch sein Schicksal für das allernatürlichste halten. Sie würden es sogar mit einer gewissen Genugtuung zur Kenntnis nehmen. Denn die Hamburger sind stolz darauf, dass es Fremde in ihrer Stadt schwer haben.

Ein enormes Abgrenzungsbedürfnis kennzeichnet die deutschen Stämme und Städte. Es muss nicht unbedingt darin bestehen, dass man die Ansiedlungsschwierigkeiten von Zuzüglern genießt – Hamburg ist in dieser Hinsicht schon eher *strange* –, es kann sich auch umgekehrt in demonstrativ herausgekehrter Gastlichkeit, Neugierde, Aufgeschlossenheit niederschlagen. Rheinländer etwa werden damit punkten wollen, und sei es, um sich von zugeknöpften Norddeutschen oder maulfaulen Bayern abzusetzen. Andere werden ein feines, wissendes Lächeln aufsetzen, während sie den Gast in die Irre gehen lassen, denn sie sind nun einmal intelligenter und raffinierter (die Schwaben), oder sie werden ihn mit einem Schwall wohlgesetzter Worte und zweideutiger Höflichkeiten ironisch verunsichern wollen (die Sachsen).

Hessen können sich unter Umständen an ihrer Grobheit erfreuen (»ruckzuck ist die Lippe dick«), Franken schämen sich nicht einer gewissen Neunmalklugheit und sehen es auch nicht als unnatürlich an, dass sie die bayerische Staatskanzlei dominieren (gemeinsam mit den Nachkommen der Sudetendeutschen). Badener halten sich für netter und weniger hinterlistig als die nördlicher siedelnden Schwaben, Oberbayern arbeiten hart an dem Image alpenländischer Gemütlichkeit und an dem Anschein einer gewissen Korruptheit, die sie im übrigen nicht schlimm finden (»Amigo-Wirtschaft«). Berliner haben gar keine präzise Meinung über sich selbst, überfallen den Auswärtigen aber gerne mit einer rumpeligen oder schnippischen Direktheit, die ihre an Lebensuntüchtigkeit grenzende Naivität kaschiert. Überlegen fühlen sie sich eigentlich nur den Brandenburgern, denn diese gelten ihnen allesamt für Nostalgiker der linken wie rechten Diktatur. Die Brandenburger ihrerseits sind deswegen vor allem eines: dauerhaft beleidigt.

Die gedrängte Zeit, die für unsere Expedition ins deutsche Revier zur Verfügung steht, erlaubt

uns leider nicht, alle Stämme und Sippen aufzusuchen und ihren Märchenerzählungen von sich
und den Nachbarn zu lauschen. Wir können hier,
im Hinterzimmer der Gaststätte, in der wir uns
noch immer befinden, nur eine Runde Bier bestellen (der dumpfe Dunst gehört dazu) und ein
paar schwarzweiße oder bunte Bilder an die Wand
werfen. Einige sind sehr alt, grobe Holzschnitte
aus der Zeit der Reformation, als Katholiken und
Protestanten sich gegenseitig ihrer Verworfenheit
versicherten, andere, schon koloriert und in Stahl
gestochen, stammen aus dem zweiten Kaiserreich,
als sich die ehemals getrennt siedelnden Stämme
in ein gemeinsames Reservat gezwungen und von
preußischen Wildhütern bevormundet sahen, wieder andere Bilder, nunmehr schon im Rollenoffset
der Zeitungspresse vervielfältigt, zeigen die Revanche der bevormundeten Südländer nach 1945, die
bald reicher als der einst preußische Norden wurden
und erfolgreich begannen, diesen mit Kameldung
zu bewerfen.

Es gibt noch tausend andere, kleinere und grö
ßere Racheakte[1] und Selbstbeweihräucherungen,
Zuschreibungen und Selbstzuschreibungen, auch

---

1 Zum Beispiel für den Regierungsumzug von Bonn nach Berlin, der in West- und Norddeutschland aufgrund des gefürchteten
Bedeutungsverlustes anhaltende Ressentiments gegen die neue
Hauptstadt produzierte. Süddeutschland zeigte sich gelassener;
die »Süddeutsche Zeitung« spottete sogar über das »hysterische
Witwengetue der Stadt Bonn«.

gegenteilige; sie alle unterliegen keiner näheren Überprüfung, der sie wohl auch kaum standhielten. Es sind Bilder, Bildpropaganda, folkloristische Vorurteile, die im Grunde gerne ausgetauscht und gehört werden, denn es handelt sich um die gesellschaftlich erlaubten Unterschiede, die nicht dem Diktat der Gleichheit unterliegen. Hier kann man sich austoben, hier kann man behaupten, dies oder das zu sein und auf jeden Fall nicht wie die anderen.

Warum sind diese Unterschiede erlaubt? Weil sie, zumindest unterstelltermaßen, keinen Klassencharakter tragen, sie sind schichtenübergreifend, sie verweisen weder auf Herkommen noch Vermögen, sie entspringen dem so oder so historisch Gewachsenen einer Region, das man in Wahrheit, bei aller gegenseitigen Frozzelei, niemandem zur Last legen kann. Die regionale Spezifik gilt als unschuldig, und übrigens auch deswegen, weil die Erinnerung sie von aller nationalsozialistischen Verstrickung befreit hat.

Das NS-Erbe ist dem deutschen Gesamtstaat übergewälzt worden; als deutscher Staatsbürger fühlt sich der Hesse vielleicht noch vage mitverantwortlich, aber der Hesse als Hesse oder der Bayer als Bayer fühlen sich gänzlich unbeschwert von historischen Lasten. Selbst das einstmals als »Hauptstadt der Bewegung« gefeierte München sieht sich in seiner regionalen Identität fern von jeder historischen Schuld. Noch weiter in seiner regionalistischen Geschichtsflucht, eigentlich einer Selbstverzwergung (»Ich bin so klein, mein Herz ist rein«)

86

vorangekommen ist höchstens Österreich, darin aber wahrscheinlich dem bayerischen Vorbild folgend.[2] Das Unheil wurde nach Preußen verschoben, der gefühlte Geburtsort Hitlers nach Potsdam verlegt und die tatsächliche Ausbreitungsrichtung der nationalsozialistischen Ideen umgedreht: als seien sie aus Norden kommend über den Süden hergefallen, während sie doch in Wahrheit in Wien ausgebrütet, in München hochgezüchtet und dann unter beträchtlichen Mühen erst in Berlin installiert wurden – Goebbels hat Berlin bekanntlich als »röteste Stadt nach Moskau« bezeichnet.

Aber der Nationalsozialismus war auch ein Triumph der Moderne, und indem Österreich wie Bayern ihre Nachkriegsidentität auf Vormodernes gründeten, auf Trachten, Volksmusik, geraniengeschmückte Balkone verwitterter Bauernhäuser, konnte es aussehen, als sei ihre Tradition ein engelgleich unbeflecktes Refugium geblieben.

Unbildung und Vergessen halfen mit. Dass Fachwerk und Lederhose gerade kein Jenseits des Nationalsozialismus boten, sondern vielmehr von diesem hochgeschätzt, gepriesen und als Kern des Volks-

---

2 Gleich nach Kriegsende, als in Österreich die sogenannten Volksgerichte erstaunlich gnadenlos selbst kleine Verbrechen und Mitläufereien verfolgten, war es nämlich nicht so. Die Selbstreinwaschung Österreichs (»Hitlers erstes Opfer«) kam erst später in Gang, übrigens vor allem in Regie der nationalen Linken, die das rote Erbe der ersten Republik reklamierten, den präfaschistischen Charakter des katholischen Ständestaates souverän verdrängend.

tums herausgestellt wurden, ist auf fast aberwitzige
Weise verdrängt worden. »Vom Hirschhornknopf
zum Führerkult ist immer nur ein kleiner Schritt«,
hat der aus Sachsen stammende, aber später bei
München lebende Schriftsteller Gert Hofmann einmal gesagt; dabei nicht nur auf die NS-Zeit anspie-
lend, sondern auch auf den Sozialismus und dessen
Feier lokaler Volkskultur. Die Hochschätzung des
Brauchtums gehört zum deutschen Kult um den
kleinen Mann, und dieser Kult wurde und wird von
Linken wie Rechten gleichermaßen betrieben.

Vor allem die Linke nach 1945 war darauf an-
gewiesen, den »kleinen Mann« aus der Konkurs-
masse des Dritten Reiches zu befreien – sie brauchte
ihn noch, wenn sie nicht alle Hoffnung auf ein
revolutionäres Subjekt preisgeben wollte. Mit weit-
hin diskreditierten Volksmassen wäre an einen Neu-
anfang nicht zu denken gewesen. Und so entstand
jenes merkwürdige Geschichtsgemälde, auf dem die
Nazis, die doch im Kampf gegen die alten Eliten
angetreten waren, nun im Rückblick als Werkzeug
ebendieser Eliten dargestellt werden, während das
Volk, das gute, unschuldige, einfache, kenntnis-
arme Volk, nur verführt worden war.

Gegen die Verlogenheit des Bildes muss nicht
mehr argumentiert werden,[3] wohl aber muss damit

---

3 Zeitzeugen haben das immer angezweifelt, ihnen war die
Klassenkampfrhetorik der Nazis noch im Ohr. Inzwischen hat der
Historiker Götz Aly in seinem Buch »Hitlers Volksstaat« mit erdrü-
ckendem Material nachgewiesen, wie sehr die unteren Schichten

gerechnet werden, dass es noch immer im kollektiven Unschuldsbewusstsein nistet. Böse sind nach wie vor nur die Mächtigen, die Eliten, Besserverdienenden, Intellektuellen, Klugscheißer – während der randalierende Säufer, rassistische Kleinstädter, der Arbeitslose, der Flüchtlingscamps abfackelt, der giftige kleine Rentner, der Frauen und Kinder hasst, gegebenenfalls mit dem Luftgewehr auf allzu lärmende Exemplare in der Nachbarschaft schießt, noch stets als unmündige Opfer irgendwelcher Verhältnisse gelten.

Der »kleine Mann«, der arme Teufel, wird nicht nach seinem tatsächlich teuflischen Potential beurteilt, sondern als Unschuld vom Lande behandelt; ja, die Provinz ist nachgerade ein Inbegriff der Unschuld geblieben, ganz so, wie es sich die höfische Gesellschaft des 18. und die bürgerliche Gesellschaft des 19. Jahrhunderts ausgedacht hat. Auch dies ein Rousseauismus, der überlebt hat und – zum Beispiel – unter heutigen, demokratischen Verhältnissen verbietet, den Wähler zu kritisieren. Der Wähler ist immer ein armer, verführter Tropf, dem Parteien ein unmoralisches Angebot machen. Niemals darf der Gedanke artikuliert werden, dass Parteien (wie etwa die AfD) auf ein unmoralisches Be-

---

von Arisierung und sozialpolitischer Umverteilung profitierten. Auch der Architekturkritiker Julius Posener schildert in seinen Erinnerungen, wie überrascht er 1945 bei seiner Rückkehr aus dem amerikanischen Exil die Wohlgenährtheit und Gesundheit der deutschen Volksmassen wahrnahm.

gehren der Wähler reagieren, also eine Nachfrage bedienen.

Es besteht leider wenig Aussicht, sich an dem Befund vorbeizumogeln, dass die Deutschen in ihrer Mehrzahl darauf bestehen, als rührend gutmütige und bedauernswerte Geschöpfe wahrgenommen zu werden. Das ist die Schattenseite der putzigen Regionalkonkurrenz, dieses Sängerwettstreits der Provinztenöre, dass sie sich sämtlich, wenn die letzten Sottisen getauscht und Spottlieder verklungen sind, in gemeinsamer Wehleidigkeit in die Arme sinken: Was haben wir nicht alles durchgemacht! Was wird uns nicht alles neuerlich zugemutet – die Öffnung der Grenzen, der Zustrom von Habenichtsen, der Bau von Moscheen – sollen wir am Ende ausgetauscht, unser Revier an ganz andere, neue Sippen vergeben werden?

Es ist gewiss kein Zufall, dass die Verschwörungstheorie des Franzosen Renaud Camus, wonach geheime Strippenzieher (vorzugsweise amerikanische Juden) in Mitteleuropa einen »Bevölkerungstausch« durch Zuzug von Immigranten organisieren, hierzulande dermaßen viele Anhänger findet. Der Deutsche, der sich so mühsam einen Platz an der Sonne erobert hat, wird und wird den Verdacht nicht los, dass ihm dieser vielleicht gar nicht zusteht oder dass jedenfalls andere – Neider, Konkurrenten, Juden (!) – ihm den Anspruch bestreiten. Das deutsche Volk als Ganzes (also über alle Schichten hinweg) zeigt im Verhältnis zur restlichen Welt den

typischen Minderwertigkeitskomplex des Aufsteigers, der sich seines neuen Status niemals sicher
fühlt. Darum muss er selbst im Urlaub morgens so
früh aufstehen und ein Handtuch über den Liege-
stuhl werfen, weil er nicht glauben kann, dass ihm
dieser vielleicht auch ohne Kampf und Krampf zustehen könnte. Darum die ewige Furcht vor Über-
vorteilung und Zurücksetzung[4]; darum macht er
sich unablässig bedauernswerter und hilfsbedürf-
tiger, als er ist.

Dieser zeitgenössische Deutsche, der sich sol-
chermaßen ständig selbst verzwergt, nur mehr als
Opfer, sogar der eigenen Geschichte, als »kleinen
Mann« und Spielball der Mächtigen sieht, ist recht
eigentlich eine monströse Figur. Oder andersher-
umgesagt: Der monströse Deutsche, der einst die
Welt das Fürchten gelehrt hat, steckt heute in jener
sich selbst verniedlichenden Gestalt, die von ihren
satanischen Fähigkeiten nichts mehr wissen will beziehungsweise niemals etwas gewusst haben will.

---

4   Die Angst vor Betrug begleitet ihn auf allen Reisen, sie steht
ihm gewissermaßen auf der Stirn geschrieben und lockt denn auch
die Betrüger zuverlässig an. Man kann auf allen nahöstlichen Basa-
ren Gauner beobachten, wie sie Ströme von Touristen vorbeiziehen
lassen, aber sich sofort in Bewegung setzen, wenn sie den ersten
Deutschen darin entdecken.

Schwarze Schafe

NICHT wenige draußen in der Welt halten die Deutschen wegen ihrer ständigen Besorgtheit für verrückt; daher die abgedroschene Rede von der »German Angst«, die vor allem von den Deutschen selbst, gewissermaßen aus Angst vor der Angst, ständig wiederholt wird. Warum? Auch wenn niemand unterm Bett liegt, ist doch allein die Vorstellung grässlich, ein unheimliches Wesen könnte unter dem Bett liegen. Und lässt es sich mit letzter Sicherheit ausschließen? Vielleicht sollte man sich selbst unters Bett legen, damit man im Zweifel selbst dieses unheimliche Wesen wäre, was den Vorteil der Vertrautheit hätte. Oder nicht? Oder doch? Oder doch nicht?

Stellen wir uns einmal ein Irrenhaus vor, in dem nicht die Patienten sich als Ärzte verkleiden (wie in der üblichen Filmkomödie), sondern die Ärzte als Patienten – um jeden Anschein zu vermeiden, sie könnten sich als etwas Besseres fühlen, als klüger oder seelisch weniger gefährdet. Das Dogma der Gleichheit und ein seit Jahrzehnten eingefleischter antiautoritärer Impuls könnten eine solche Maskerade ja durchaus nahelegen, jedenfalls wenn es sich um ein deutsches Irrenhaus handelt. Nun kann ein Arzt sich natürlich nicht in den Patienten schlechthin verkleiden, in einen Prototypen ohne Eigenschaften, denn einen solchen gibt es gar nicht. Er muss sich entschließen, einen so oder so besonderen, mit individuellen Zügen ausgestatteten Patienten darzustellen, mit diesem oder jenem Dialekt, dieser oder jener Strickjacke, diesem oder jenem Bildungsgrad. Mit anderen Worten: Die Ärzte würden sich nicht als Patienten verkleiden, sondern Patienten erfinden, und zwar nach Maßgabe dessen, was sie als besonders glaubwürdig, plausibel und typisch für Patienten ansehen.

Genau in diesem Irrenhaus befinden wir uns, wenn deutsche Intellektuelle auftreten – beziehungsweise eben nicht auftreten, weil sie ungern als solche identifiziert oder gar angegangen werden. Ihre Empathie für die Volksmassen grenzt an Selbstverleugnung, ihre Gesellschaftskritik an Mimikry. Natürlich schimpfen sie viel, wie es das Rollenmodell des Intellektuellen verlangt, vor allem von der Theaterbühne und von Zeitungsseiten herab, aber immer so, dass als moralisches Schlupfloch die Ausrede bleibt, letztschuldig sei ein sogenanntes System[1], dem alle angehören, auch der Kritisierende.

Im übrigen entdecken sie nichts Unaufgedecktes und stören keinen Konsens (schon gar nicht den Konsens unter Intellektuellen), sie kritisieren nur, was als auffällig schon anerkannt ist – sagen wir:

---

1 Traditionell natürlich vor allem der Kapitalismus, aber auch das Patriarchat. Neuerdings beliebt: der strukturelle Rassismus.

Profitstreben, Pedanterie, Intoleranz. Oder sie kritisieren gerade dieses nicht, weil es als Klischee in Verruf geraten ist. Sie führen dem Volk nicht seine schlimmsten Verfehlungen, sondern seine beliebtesten Krankheiten vor. Und indem sie ihre wenig kränkende Diagnose stellen, deuten sie zugleich auf sich selbst und sagen: Seht her, das gilt alles auch für mich, auch ich fahre Auto, gefährde die Umwelt, opfere dem schnöden Mammon.

Der intellektuelle Diskurs in Deutschland betreibt keine Gesellschaftskritik, sondern ein Bußritual. Weit davon entfernt, den Landsleuten die Leviten zu lesen, erniedrigt sich der deutsche Intellektuelle fortwährend vor ihnen, damit nicht einmal der Schatten des Verdachts aufkäme, er könne überheblich oder elitär sein. Selbstverständlich gilt er trotzdem als überheblich und elitär. Das Volk lässt sich nicht irremachen.

Dieses Volk, das teils wirkliche, teils herbeiphantasierte, ist das Wesen unter dem Bett, das den Intellektuellen nicht zur Ruhe kommen lässt. Aber gerade wenn er noch einmal nachgeguckt und sich überzeugt hat, dass es doch nichts Unheimliches hat, auch nicht unter seinem Bett liegt, sondern vielleicht gerade Wasserflaschen für ankommende Flüchtlinge am Münchener Hauptbahnhof ausgibt, wandelt es sich jäh und verfolgt die eben noch willkommen Geheißenen mit einem wilden Fremdenhass, der an die finstersten Zeiten der deutschen Geschichte erinnert.

Der Intellektuelle versteht das Volk nicht, und das Volk weiß das. Es ist keine Liebesbeziehung wie in Frankreich, in der sich Bewunderung, Eifersucht, Neid und gegenseitiger Ärger abwechseln, es ist überhaupt keine Beziehung. Wahrscheinlich gibt es wenige Völker, in denen es mehr Intellektuelle gibt als in Deutschland, aber zugleich kaum eines, in dem sie schlechter angesehen werden. Sie gelten nicht nur als überheblich, sie gelten als hässlich, frech, impotent[2], als Spaßverderber und linkische Witzfiguren. Die deutschen Unbeholfenheiten werden von den Deutschen selbst vor allem an ihren Intellektuellen wahrgenommen.

Eine Projektion? Wenn ja, dann eine gegenseitige. Als sich in Deutschland zum ersten Mal, nämlich in der Frühromantik, so etwas wie ein intellektuelles Milieu von Literaten und Philosophen erfand, erfand es sich sogleich seinen Widersacher dazu – den Philister, heute würde man sagen: den Normalbürger. Aber dieser Philister wurde weniger als lächerlich (das auch) denn als bedrohlich gedacht, lebensbedrohlich sogar – als der, der dem Künstler die Luft zum Atmen nimmt, wenn nicht das Leben zur Hölle macht. Eine Generation später hatte sich in

---

2 Zumindest von erotisch stark eingeschränkten Fähigkeiten. Folgender Witz ist mir einmal, mit unterschwelliger Aggressivität, vorgetragen worden: Zwei Prostituierte unterhalten sich. Die eine berichtet, sie habe gerade einen Intellektuellen als Freier gehabt. Die andere fragt, was das denn sei, ein Intellektueller. Ach, meint die erste, das sei auch nur ein Mann. Aber der Schwanz sei kleiner.

E. T. A. Hoffmanns Figur des Kapellmeisters Kreisler und in Brentanos Hassgesang auf den »Philister vor, in und nach der Geschichte« der erfundene Antagonismus zur Gewissheit verfestigt. Zudem muss man bedenken, dass die Romantiker eine Art Science-fiction betrieben – sie nahmen in der Vorstellung eine Moderne vorweg, die sich in ihrem Lebensumfeld erst in Ansätzen zeigte. Die Großstadtromantik entstand, bevor es wirkliche Großstädte gab, die Einsamkeit in der Masse wurde bedichtet, bevor die Massengesellschaft entstand, als Außenseiter im Elend definierten sich schon die Künstler, die noch halbwegs ordentlich versorgt waren.[3]

Aber alles in allem behielten die Romantiker recht, es kam die Zeit der verachteten und herumgeschubsten, in Schmutz und Suff oder geistiger Umnachtung verendenden Künstler, und ein Jahrhundert später hatte der Philister auch seine eigenen sozialistischen oder nationalsozialistischen Philisterdiktaturen und verfolgte die Intellektuellen mit Folter und Mord, die ehedem Kirche und Staat nur mit Zensur und gelegentlicher, recht bequemer Festungshaft drangsaliert hatten.[4]

---

3 Größtenteils in staatlichen Stellungen: Novalis, Eichendorff, E. T. A. Hoffmann; die beiden Schlegel hatten Professuren, Friedrich Schlegel auch einen gut bezahlten Spitzelposten im Auftrag Metternichs, Brentano war von Haus aus vermögend. Eine Generation weiter, beim Jungen Deutschland, sah die Lage schon prekärer aus, und bei Grabbe ist das Vollbild des Elends erreicht.

4 Wir sprechen nicht von den vorangegangenen Jahrhunderten der Glaubenskriege.

Das ist Geschichte. Aber wie wir gesehen haben, pflanzen sich historische Dispositionen auch unausgesprochen fort, durch winzige Erinnerungssplitter und bloßen, oft unbewussten Kontakt mit Gedächtnisbeständen. Das gilt für das Mehrheitsvolk der Philister ebenso wie für die Intellektuellen. Beide wissen noch immer, dass Volksferne ein verfolgungswürdiges Delikt sein konnte. Die Geburt eines Intellektuellen lässt sich auch nicht verbergen. In einem gut sichtbaren Akt der Entfremdung verlässt er die Üblichkeiten und Verschwiegenheiten seines Herkunftsmilieus. Der Abschied ist unwiderruflich, der intellektuelle Arbeitersohn ist kein Arbeiter mehr, die intellektuelle Bürgerstochter keine »höhere Tochter« mehr. Sie alle haben sich selbst aus dem Nest gekippt und fürchten nun die Rache für den Klassenverrat.

Denn es ist Klassenverrat, der am Anfang jeder intellektuellen, künstlerischen, schriftstellerischen, wissenschaftlichen Karriere steht. Das selbstverständliche Ruhen in den sozialen Umständen wird getauscht gegen das ruhelose Reflektieren eben dieser Umstände.[5] Der Intellektuelle macht nicht mit, sondern stellt in Frage – und indem er

---

5 Die Charakterisierung des Intellektuellen folgt dem Konzept, das Schiller in seiner Jenaer Antrittsvorlesung entworfen und Ortega y Gasset in dem Essay »El intellectual y los otros« ausgeführt hat. Schiller spricht von dem »philosophischen Kopf« und setzt ihm den »Brotgelehrten« entgegen, eine hilfreiche Unterscheidung, insofern sie klarstellt, dass Universitäten nicht not-

alles in Frage stellt, was anderen selbstverständlich ist, stellt er sich unweigerlich eine Stufe höher und blickt herab auf das gedankenlose Treiben der Menge. Das kann sogar mit Sympathie geschehen, aber es ist durch den Wechsel der Betrachterebene doch immer schon elitär und verstößt auf elementare Weise gegen die Gleichheit – nicht graduell, wie sonst durch Zunahme von Vermögen und Prestige, sondern fundamental, indem der Blickpunkt von Augenhöhe auf Vogelperspektive wechselt.

Das bemerken nicht nur die anderen. Der Intellektuelle selbst hat die Empfindung einer schuldhaften Absonderung. Das schlechte Gewissen kann so weit gehen, dass er seiner eigenen Verdammung zustimmt.[6] Kurzum: Der einzige bedauernswerte, zum Opfer taugliche Deutsche ist der Intellektuelle. Er spricht, was ihm nicht zum Vorteil gereicht, auch nur noch selten Dialekt, er ist von der Provinz in die Großstadt gezogen, aus irgendwelchen seltsamen chemischen Gründen bekommen ihm Adiletten und Adidasstreifen nicht, er zeigt nicht die breite Brust des Proletariers, die intellektuelle Frau scheut Minirock und Dekolletee – oft nicht einmal aus prinzipiellen Gründen, sondern weil es sie schlicht beim Denken stört. Gleichwohl versuchen viele Intellek-

---

wendig Intellektuelle erzeugen. Auch die Professoren heute sind meist keine Intellektuellen, ärgern sich vielmehr über diese wie jeder andere Philister auch.

6 In den Schauprozessen der frühen Sowjetunion sogar seiner eigenen Hinrichtung.

tuelle natürlich, zu Zwecken der allgemein deutschen Camouflage, im Gewand der Masse zu verschwinden. Aber, magischerweise, gelingt es nie, sind ihre Gesten eckiger noch als die eckigen Gesten der Normaldeutschen, ihr Blick verhuschter, das Selbstbewusstsein prekärer.

Die Intellektuellen sind eine Klasse jenseits der Klassen. Manche deutsche Eigenschaft findet sich bei ihnen gesteigert, manche überhaupt nicht. Was interessieren sie uns überhaupt? Nun, sie sind es, von denen die meisten Beschreibungen Deutschlands stammen, auch jene, die schließlich als Klischee historisch wirksam wurden, und sie urteilen nicht nur im Lichte ihrer Fremdheitserfahrung, sondern – tragischerweise meistens unbewusst – auch nach Maßgabe dessen, was sie hinter sich gelassen haben. Und da ist es nun freilich nicht unerheblich, dass die meisten von ihnen hierzulande, anders als in Frankreich und England, aus ein und demselben Kleinbürgertum stammen. Das überwiegend negative Bild, das sie von der Gesellschaft haben (und vor ihr verbergen wollen), stammt von dieser abscheulichsten aller Klassen.

In der marxistischen Literatur taucht das Kleinbürgertum gern mit dem Epitheton »entwurzelt« auf, und das sagt auch heute noch das Entscheidende. Mobil bis zur Identitätslosigkeit, immer von anderswo kommend, anderswohin strebend; neidzerfressen und noch zerfressener von Minderwertigkeitsgefühlen; jede Überzeugung scheuend,

die ein Karrierehindernis sein könnte; traditions-
los[7], allem Neuen gegenüber aufgeschlossen, wenn
es verspricht, Geld zu sparen oder Geld zu verdie-
nen; aber archaische Geschlechterverhältnisse re-
produzierend, die es an Frauenverachtung mit den
ihm verhassten Muslimen aufnehmen – wie denn
überhaupt der Kleinbürger die meiste Abneigung
gegen das ihm Wesensverwandte hegt und ständig
die Konkurrenz wittert.

Viele der Debatten, die in den letzten Jahren
durch Medien und Internet tobten, beruhen auf
Erfahrungen, die Intellektuelle in ihrem Herkunftsmilieu machten – die Metoo-Debatte auf prügeln-
den Vätern und genotzüchtigten Müttern, die Ras-
sismus-Debatte auf xenophoben Nachbarn, das
Bild des autoritären Patriarchalismus auf den Ver-
einsstrukturen in Sport und Schrebergarten. Das
Funktionärswesen im Sportverein ist geradezu Inbegriff der Herrschaft »alter weißer Männer« und
ihrer obszönen Verfügung über jugendliche Körper,
man muss die Grauköpfe nur in ihren kurzen Rent-
nerjacken auf der Tribüne sitzen und gierig prüfen
sehen, was von dem jugendlichen Überschwang auf
dem Platz sich wohl in klingende Münze verwan-
deln ließe. Der kostbare Nachwuchs! Es gibt pädo-

---

7 Die zwei einzigen Traditionen bestehen darin, an Heilig-
abend Würstchen mit Kartoffelsalat zu essen, und in der Treue zu
einem der korrupten deutschen Fußballvereine.

philen Missbrauch nicht nur als geschlechtlichen, sondern auch als ökonomischen Akt.

All dies schwirrt, nicht immer sorgfältig sortiert, den Intellektuellen im Kopf herum und provoziert ihre Kritik. Man könnte ihnen vorwerfen, in fahrlässiger Weise von der moralischen Verfassung dieses Milieus auf die Gesamtverfassung Deutschlands zu schließen, aber bei (vorsichtig) geschätzten sechzig Prozent Kleinbürgeranteil an der Bevölkerung ist dieser Schluss so abwegig nicht. Etwas anders sieht es im globalen Maßstab aus; den Weltzustand nach einer nationalen Schichtenspezifik zu beurteilen, ist kindisch. Die Lage der Frau weltweit bemisst sich nicht nach dem Zuschnitt einer deutschen Kittelschürze.

Und doch sollte man den Intellektuellen nicht schmähen. Er hat die Ehre Deutschlands mehr als einmal gerettet. Er hat im 19. Jahrhundert den Verein zur Abwehr des Antisemitismus gegründet,[8] er hat vor den Kriegsrüstungen gewarnt, er hat die Wahrheit über den Schützengraben geschrieben, er hat über Versailles hinaus dem französischen Bruder die Treue bewahrt, er ist ins Exil oder ins Konzentrationslager gegangen, er ist wiedergekommen und hat dafür gesorgt, dass die Kunde von

---

8 Als Prominentester neben anderen der Althistoriker Theodor Mommsen. Nicht organisiert, aber markant äußerte sich Nietzsche gegen die Antisemiten, zu denen allerdings, was nicht verschwiegen werden soll, auch viele Intellektuelle gehörten.

den deutschen Verbrechen nicht verblasst. Namentlich mit Letzterem hat er die Öffentlichkeit bis zum Überdruss gequält und tut es noch immer; aber dass es nicht nur selbstgerecht, dass die Furcht vor Wiederkehr kein Klischee war und die Warnung nicht gratis, zeigten die nationalistische Mordserie des NSU und der Aufstieg eines revisionistischen Flügels in der AfD.

Aber an einer anderen Wiederkehr, die den Boden neu bereitete, an der Rückkehr jenes typisch deutschen Anti-Intellektualismus, der in den Zwanzigerjahren zum Vorlauf des Faschismus gehörte, waren die Intellektuellen selbst beteiligt. Sie haben als Redakteure der Sendeanstalten den Proletkult ins Fernsehen zurückgebracht, sie haben als Kritiker in Zeitungen das Elitäre der Hochkultur angeprangert, sie haben dem Massengeschmack der Massenkultur hinterhergeschrieben, den »kleinen Mann« zum Idol verkitscht und schließlich, in geradezu selbstmörderischer Volte, sogar das sogenannte Positive wieder eingeklagt, diesen Grund- und Nährstoff aller Propaganda autoritärer Regime. Selbstverständlich umschrieben als Wunsch nach Bürgernähe, nach Zuschauer- und Lesernähe[9], aber im Kern nichts anderes meinend als die Abschaffung

---

9 Ganz wie die Regierungen in Polen und Ungarn, dort allerdings bewusst aus den faschistischen Potentialen der Zwischenkriegszeit schöpfend.

von Kritik, die doch das Element des Intellektuellen ist.

Wie soll man sich das Selbsthenkertum erklären? Offenbar hat die Furcht vor dem Anderen, dem Philister, dem Volk überhandgenommen und zur Identifikation mit dem Feind geführt. Der Intellektuelle hat sich tatsächlich selbst in das unheimliche Wesen unter seinem Bett verwandelt. Oder, um unser zweites Bild fortzuspinnen: Der Arzt hat, als Patient verkleidet, eine Revolte gegen die Ärzte angezettelt.

Der Vorgang ist abgründig, nichtsdestoweniger politisch bedeutsam, insofern hier rechtes Gedankengut ausgerechnet von links, im Gewand eines (scheinbaren) Klassen-Kulturkampfs, wieder in Verkehr gebracht wurde. Wer dereinst nach dem Ursprung einer neuen Querfront im 21. Jahrhundert forschen sollte, wird hier fündig werden. Oder ist die Beschreibung falsch? Und es ist nicht Politik, keine Auseinandersetzung mit der Gesellschaft, nur eine Selbstauseinandersetzung unter Intellektuellen, die mit verteilten Rollen um ihre Bedeutung streiten?

Den deutschen Intellektuellen ist nicht zu helfen.[10]

---

10 Dem Autor wahrscheinlich auch nicht. – Vielleicht ist der Anti-Intellektualismus der Intellektuellen auch als Zugeständnis an das Herkunftsmilieu zu verstehen, ein versöhnliches Signal, dass man sich so weit doch nicht von der Herde entfernt habe.

Auftrieb

Vielleicht sollten wir, um nicht mit solchen Spuk-
gestalten schlafen zu gehen, noch einmal in die
Nacht hinaus und uns den feiernden, nicht disku-
tierenden Herden anschließen. Neben der ideologischen Zanksucht, für die der Deutsche im Ausland
bekannt ist wie für seine Brillen und Ungeschick-
lichkeiten,[1] muss es doch auch Formen stillerer,
selbstvergnügter Unterhaltung geben. Aber wie es
mit guten Vorsätzen so ist – zunächst folgen wir
dem Lärm. Es ist laut und eng in den Straßen, auf
die wir stoßen. Die Menschen »cornern«, so nennen sie das Herumstehen mit der Bierflasche in der
Hand. Die Bierflasche ist das Zeichen, aus geselligen Gründen auf der Straße zu sein, nicht etwa auf
dem Weg nach Hause oder zur Spätschicht. Plötzlich erhebt sich eine Flasche aus dem Dunkel der
Menge, sie glitzert, fliegt, zerspringt – ein Schrei,
ein Sturz, und die Menge betrachtet fast andächtig,
jedenfalls jäh verstummt etwas Schwarzes, das sich
neben hellem Kleid auf dem Straßenpflaster aus-
breitet. Eine akustische Intarsie in dem allgemeinen
Straßenlärm ist entstanden, dann flattert das Weiße

---

1 Der Schweizer Kritiker Andreas Isenschmid hat eine der
erbitterten Großdebatten deutscher Intellektueller einmal rund-
heraus als typisches Phänomen deutscher Hysterie bezeichnet.

plötzlich auf, ist fort, und augenblicklich setzt das Lärmen und Schnattern der eben noch zum Gott des Unfalls Betenden wieder ein.

Wir folgen der flüchtenden Gestalt – vielleicht denken wir, helfen zu müssen – in ruhigere Straßen hinein und stoßen schließlich, im Souterrain eines schäbigen Wohnblocks, auf einen Swingerclub. Weiß man dort Rat und Tat? Schwer zu sagen, die Gestalt ist fort. Der Swingerclub ist keine geheime Adresse, wie wir dem eilig aufgeschlagenen Reiseführer entnehmen, weist aber vor Ort auch nicht eigens auf sich hin. Drei Stufen nach unten, Eisentür, Guckloch, Klingel, das ist alles. Den Eingang belagern stark vermummte Personen (vielleicht extra warm angezogen, damit sie später im Innern keinen Hitzeschock erleiden), die im übrigen nichts Auffälliges haben. Es könnten Krankenschwestern oder Kindergärtner, ja Hebammen oder Lehrer sein. Jede Verruchtheit fehlt. Auch uns interessiert nur diese Durchschnittlichkeit, niemand muss Angst haben, dass wir uns dazu gesellen wollen, um den aktuellen Pegelstand der deutschen Promiskuität abzulesen.

Wir ziehen weiter, bis zu einer hochaufragenden Ruine, aber auch hier muss niemand fürchten, dass wir uns etwa an dem erschröcklichen Warzenschwein vorbeimogeln wollen, das den Eingang des weltberühmten, auch bei Heteros beliebten Schwulenclubs bewacht; es würde uns auch niemals gelingen. Warzenschweine haben gewaltige Hauer, die aus Ober- und Unterkiefer wachsen – tatsächlich wie die monströsen, niemals zuvor gesehenen Piercings dieses ebenfalls weltberühmten Türstehers. Er soll im übrigen musisch begabt und zart besaitet sein, aber wir wollen das nicht testen, es geht uns wirklich ganz allein um die Beobachtung, wie sich nächtens die uniformierte deutsche Großstadtgesellschaft in ein Panoptikum verwandelt. Das heißt nicht, dass sie jetzt – von ein paar Paradiesvögeln abgesehen – individueller gekleidet wäre, aber andere schrille Singularitäten schießen wild ins Kraut, sämtliche denkbaren sexuellen Präferenzen, sämtliche, auch unausdenkbaren Formen exotischen Drogenkonsums, groteske Konstellationen und Paarungen über Kreuz, einfach alles, wirklich alles. Ein Freund aus New York hat mir einmal versichert, dass die wüstesten Partys und Ausschweifungen, die enthemmtesten Darkrooms nicht in seiner Wahlheimatstadt, auch nicht in Kalifornien, nicht in London, sondern – in Berlin zu finden seien. Ich glaube ihm, wenngleich, eingedenk Berliner Nüchternheit und Naivität, ein kleiner Vorbehalt bleibt. Aber es können ja auch Zugereiste die Akteure sein.

Den Augenschein all dessen müssen wir uns versagen; Voyeure werden schnell identifiziert und gegebenenfalls vor die Tür gesetzt. Aber was wir machen könnten – lassen Sie mich überlegen –, wir könnten auf eine Stippvisite in eine Kneipe gehen, in der sich gegen Morgen der Bodensatz des Rotlichtviertels sammelt. Der Bodensatz ist immer tolerant. Wir stolpern also ein paar Stufen hinunter in das silbrig-staubige Licht, das einen kurzen Tresen beleuchtet, an dem jetzt (wir sind etwas zu früh) gerade nur ein Mann steht, der das müde Haupt mit der einen Hand stützt, mit der anderen das Bierglas hält und gedankenverloren an die Theke uriniert. Vorsorglich ist der Boden mit Sägemehl (oder Sand) bestreut. Langsam hebt der Mann sein Haupt und schenkt uns einen durchdringenden, liebevollen Blick: »Dir geht es auch nicht gut, Kumpel«, sagt er.

Wahrscheinlich hat er recht, nach all dem, was wir an diesem harten Tag von deutscher Unerlöstheit mitbekommen haben. Im Vokabular der Kriegsmarine sprach man, wenn einem U-Boot in aussichtsloser Gefechtssituation nichts anderes übrigblieb, als sich zu verstecken und auf Grund zu legen, vom »durchsacken lassen«. Hier, in dieser Kneipe, kann man sich, nachdem alles im Leben aussichtslos geworden ist, ebenfalls befreit durchsacken lassen. Man liegt auf Grund. Auch insofern zeugt es von zärtlicher Vorsorge, dass dieser weich mit Sägemehl (oder Sand) bestreut ist.

Indes, wenn man hier oder auch an deutlich glamouröseren Orten der Partynacht nach den Momenten suchte, in denen sich die biologische Fortpflanzung der Deutschen organisiert – bisher haben wir ja nur die historische Fortpflanzung fixer Ideen beobachtet –, dann wäre man gründlich falsch beraten. Alle Statistiken sprechen gegen die Clubszene und für die Arbeitsstätte als eigentlichen Ort der Beziehungsanbahnung. Die Familienplanung nimmt im Büro ihren Anfang – in der Behörde, in der Werkstatt, am Schalter und am Band, wie es sich für ein fleißiges Volk gehört. Romantik, das ist die Kaffeepause, Kaffeeküche, Kaffeemaschine. Warum auch nicht? Man könnte, um dem Klischee deutscher Bravheit zu widersprechen, auch davon reden, dass sich hier eine anarchische Umnutzung, Zweckentfremdung, Auflehnung ereignet. Es wird nicht gearbeitet, sondern geflirtet. Die Effizienz dient nicht dem Produkt, dem Verwaltungsakt, sondern dem Abenteuer, dem Gefühlssturm, dem Pochen des Herzens. Büro ist aufregend. Vielleicht gelten deshalb auch die Jobs in großen Organisationen, mit viel Wechsel, Austausch und Fluktuation, als so begehrt.[2]

Ist der Swingerclub in gewisser Weise emblematisch für die Gesellschaft der Bundesrepublik? Nein, ganz und gar nicht. Die Partnerwahl vollzieht sich keineswegs und nirgends nach dem Prinzip der bunten Mischung. Sie unterläuft im Gegenteil geradezu ketzerisch das heilige Dogma der Gleichheit und hält sich strikt, wenn auch heimlich oder sogar unbewusst, an die Milieugrenzen. Es ist nachgerade gespenstisch, mit welch instinktiver Sicherheit paa-

---

2 Natürlich auch wegen Bezahlung, Sozialleistungen, Aufstiegsmöglichkeiten usw. Aber wer nur rationale Gründe sieht, hält den Menschen für eine Maschine. Leider tun das viele Sozialpolitiker.

rungsbereite Deutsche erkennen, was offiziell verschleiert oder überspielt wird – Aussichten, Einkünfte und Herkommen, aber vor allem letzteres. Was die Soziologen (eher wohl Ideologen) der nivellierten Mittelstandsgesellschaft leugnen, bringt der Egoismus der Gene an den Tag.

Die einzigen Grenzen, die recht oft und immer öfter überschritten werden, sind die regionalen und die konfessionellen; aber dieser Umstand lässt die Klassenwahl um so krasser hervortreten – das Interesse, jemanden zu finden (oder das Glück, jemanden gefunden zu haben), der dem eigenen sozialen Status entspricht, übersteigt offenbar mühelos jede andere Barriere. Katholiken haben keine Probleme mit Protestanten (nur mit der eigenen Kirche), solange die Tischsitten passen. Auch politische Orientierungen müssen nicht stören. Ein gutes Beispiel aus der DDR ist die Familie Gysi, die innerhalb der Sozialistischen Einheitspartei eine großbürgerlich-aristokratische Tradition am Leben hielt.[3]

Wie sich indes die Paarungen herstellen unter den Bedingungen der camouflierten Gesellschaft,

---

3 Anschaulich und mit völlig unbewusstem Snobismus geschildert in Gregor Gysis Autobiographie. Überhaupt gab es in der DDR viel mehr, auch durch Heiraten weitergepflegte Bürgerlichkeit, als man heute wahrhaben wollte. Der Schriftsteller Eckart Krumbholz, der wegen seiner Herkunft nicht studieren durfte, hatte in einer Vitrine seiner Wohnung das spitzenübersäte Krumbholzsche Erbtaufkleidchen, das in der Weimarer Familie seit der Goethezeit in Gebrauch war.

in dem Dickicht des Reviers, in dem nur Tarnfleck mit Tarnfleck zu ringen scheint, könnte ein Rätsel sein, und Österreicher, in deren Heimat sich altmodischerweise der Gesellschaftsaufbau noch deutlich abbildet, wundern sich oft, mit welcher Sicherheit und aufgrund welcher Indizien sich Deutsche gegenseitig einordnen. Aber hier erweist sich, wie wenig unschuldig doch das scheinbar naiv-unbewusste Weitertragen eines familien- und schichtenspezifischen Jargons ist. In ihm erkennen sich die Chromosomensätze, die sonst nicht zueinander finden würden. Sie riechen sich nicht – wie manchmal in Analogie zur Insektenwelt vermutet wird –, sondern sie hören sich.

Dissonanzen werden weitgehend gemieden. Auch Aufsteiger suchen nicht in der höheren Schicht, die sie zumindest mit ihrem Einkommen erreicht haben, sondern paaren sich mit anderen Aufsteigern, wenn sie nicht gar im fruchtbaren Boden der Herkunftsschicht das genetisch vitalere Potential wittern. So bleiben Aufsteigermerkmale oft über mehrere Generationen erhalten und verlieren sich nicht mehr in der Windeseile, in der das zu früheren Zeiten der Fall war. Es gibt reiche Deutsche, die proletarischen Habitus und proletarische Reflexe bis an die Enkel weiterreichen; ein Beispiel haben wir schon gegeben. Aber auch Absteiger klammern sich selten an den rettenden, grün sprießenden Halm eines dynamischen Emporkömmlings, sondern entwickeln ihre zarten Gefühle für eine ebenso zart welkende

Gestalt; die nicht mehr lebensfähige Raffinesse zieht sie magisch an und beschert ihnen ätherisch durchscheinende Kinder, die wie präraffaelitische Fresken an den schimmelnden Wänden ihrer heruntergekommenen Neubauwohnung verblassen.[4]

Dieses Zeugungs- und Paarungsverhalten, das die Sozialingenieure eines egalisierenden Fortschritts verzweifeln lässt, hat aber den unschätzbaren Vorzug, dass es Vielfalt erhält – eine innerdeutsche Diversität, die andernfalls in einer zusehends grauer werdenden Masse verschwände. Warum ist dies ein Vorzug? Weil mit zunehmender (nicht nur beschworener) Gleichheit auch die Toleranz gegenüber Abweichungen schwindet. Je homogener eine Bevölkerung, desto störender der geringste Unterschied. Solange die deutsche Mehrheitsgesellschaft aber schon in sich, gegen jedes politische Verlangen, ziemlich divers ist, sich in ihrer historischen Vielfalt weiterzüchtet und streng genommen in Dutzende von Parallelgesellschaften zerfällt, ist sie bis zu einem gewissen Maße geneigt, auch Parallelge-

---

4 Aber »selbst in der Tiefe dieses Abgrunds sind nicht alle umgekommen, viele haben trotz allem irgendwie weitergelebt. Manche haben sich ganz langsam an Felsvorsprüngen, Grasbüscheln und herunterhängenden Zweigen wieder hinaufgehisst, bis sie, schmutzig und zerschunden, erneut an der Oberfläche erschienen« (Gobineau, »Die Plejaden«, Übers. Eva Rechel-Mertens). – Wir wissen nicht, ob wir die arme blasse Dame, die wir im fünften Kapitel angesprochen haben, beim Überleben im Abgrund oder schon beim Hinaufklettern angetroffen haben.

sellschaften anderer kultureller Herkünfte – Gäste aus fremden Revieren – zu dulden.

Natürlich ungern. Auch die Linke erfreut sich nicht reinen Herzens an multikultureller Vielfalt; sonst müsste sie sich auch an Ehrbegriff und Frauenbild der strenggläubigen Muslime erfreuen, an dem Machismo der Schwarzafrikaner, an dem hierarchisch geordneten Familienleben der Asiaten, dem Katholizismus der Latinos. Tatsächlich sind alle diese nur als Kolorit willkommen, streng genommen ein rassistisches Konzept. Kochen, tanzen und musizieren dürfen sie, wie sie wollen,[5] aber in allem übrigen müssten die Migranten, dem linken Ideal folgend, zu dem emanzipatorischen Weltbild einer atheistischen Aufklärung bekehrt, also um ihre kulturelle Abweichung gebracht werden. Der arabische Hausmann, der die Kinder wickelt und den Müll trennt, das wär's. Insofern unterscheidet sich das linke Verlangen nach Integration der Migranten in nichts von der rechten Idee einer Unterwerfung unter die ominöse »Leitkultur«.

Gemeinsam ist beiden im Grunde, mögen sie es auch bestreiten, die Forderung nach Assimilation. Aber an welche der deutschen Parallelgesellschaften? An die der Automechaniker oder die der ökologisch inspirierten Veganer? An die Sport- und

5 Das entspricht auch dem Unterhaltungsbedürfnis der folkloristisch interessierten Linken.

Hobbywelten der Vereine oder an die Clubszene der Lesbisch-schwul-bi-trans-Gemeinde? Oder sind sie hier und dort schon angeschlossen, aber es reicht noch immer nicht? An dieser letztlich nicht zu beantwortenden Frage ist bisher jede Integrationsaufforderung gescheitert. Das ist der Trost.

Nachsuche

DER Trost lässt sich beziffern: Es gibt achtzig Millionen Deutsche, ein geschätztes Viertel davon aus anderen Ländern zugewandert. Achtzig Millionen lassen sich nicht restlos von einer Leitkultur absorbieren, selbst wenn es eine solche geben sollte. Überall bleiben Nischen, Ritzen, Ränder, Spalten, in denen sich Unkraut hält und nur schwer auszureißen ist. Überall findet ein Samen Erde, um sich zu entfalten. Um es mit einem Gedanken Heinrich Heines satirisch auszudrücken: Niemand in Deutschland ist so exzentrisch, dass er nicht jemand anderen findet, der ihn in seiner Exzentrizität versteht, unterstützt und begleitet.

Voraussetzung für die Sonderlinge, für die Ungestörtheit ihres Treibens, ist allerdings, dass sie das Licht der Öffentlichkeit meiden. Und hier wird es prekär, auch für den Erkenntniswert unserer Expedition. Denn dieses Licht ist um vieles gleißender geworden, seine Leuchtweite um ein Mehrfaches gestiegen, seit es das Internet und die sozialen Medien darin gibt. Statt von Nischen spricht man dort von Blasen, und mit gutem Grund. Nischen sind tendenziell schwer einsehbar, Blasen durchsichtig; und die Durchsichtigkeit erlaubt es der Allgemeinheit, fast überall missbilligend hineinzublicken und jede Abweichung zu erkennen.

Was es für unsere Beobachtungen und Diagnosen heißt, die fast durchweg im physischen Raum stattgefunden haben, wenn ihre Gegenstände als Abbilder im virtuellen Raum ein Doppelleben führen, ist schwer abzusehen.[1] Manches lässt sich ahnen; die historische Tendenz zur egalisierenden Kollektivherrschaft wird vom Netz, das alles beobachten und mit »Shitstürmen« sanktionieren kann, gewaltig verstärkt; vielleicht wird sogar die dialektische Gegenbewegung zu Sondertümelei und Sondermilieus dauerhaft im Mainstream ertränkt. (Der Mainstream ist das, was früher als Kloake im Rinnstein floss.)

Aber Außenseiter und Intellektuelle haben im Netz auch ganz neue Machtmittel zur Verfügung. Wo sie im Faustkampf auf der Straße unterliegen, können sie mit der Macht der Worte im Netz ein Blutbad anrichten; und das tun sie auch. Selbst wenn der Charakter der Shitstürme nahelegt, dass hier die Massen, die Philister, die Normalbürger (heute Wutbürger genannt) am Werke seien, genügen in Wahrheit wenige zu allem Entschlossene Fanatiker, um jemanden auf die virtuelle Guillotine zu bringen. Professoren sind schon von zwei, drei Studenten um Ruf und Amt gebracht worden.[2]

---

1 Die ersten Prognosen, eigentlich waren es Netz-Utopien, kamen zu früh; sie rechneten mit Freiheitsgewinnen, nicht mit Verfolgung und Hass.

2 In den USA. Bei uns ist es einstweilen bei der Rufschädigung geblieben, aber auch diese kann, vor allem wegen der Beliebigkeit,

Vielleicht ist auch der virtuelle Bürgerkrieg, der sich jederzeit im Netz entfesseln lässt, das wirksamste aller Mittel, um die Gefahr einer Revolution im physischen Raum endgültig zu bannen, weit wirksamer als der Proletkult, den die traditionellen Medien als Surrogat anbieten können. Eine Entladung von Wut ist im Internet ohne Erschütterung realer Machtverhältnisse jederzeit möglich – und erlaubt, vielleicht sogar erwünscht.

Jedenfalls hat unsere Expedition, was ihren Zeitpunkt anlangt, ein diagnostisches Problem. Hat sie Dinge zum letzten Mal oder zum ersten Mal gesehen? In Zeiten großer Umbrüche wird das Mauerwerk der Gegenwart porös. Vielleicht können wir durch die Brüche hindurch noch etwas sehen, was wenig später, wenn sich alles neu verfestigt hat, unzugängliche Vergangenheit ist, und vielleicht können wir auch auf etwas vorausblicken, das sich nicht mehr zeigt, wenn die Gegenwart wieder ihre betonharte Selbstverständlichkeit gewonnen hat.

Nichts ist ewig, auch der deutsche Sozialcharakter nicht. Hat es überhaupt Sinn, ihn als eine Art historische Substanz zu behandeln, geschichtlich geprägt und Geschichte prägend, die sich über längere Zeiträume und über unterschiedliche Milieus hinweg identifizieren lässt? Aber wunderbarerweise ist das auch gar nicht nötig. Es reicht vollständig,

---

mit der etwa Professoren, die immer gegen die AfD gewettert haben, ihrerseits zu Rechtsradikalen erklärt wurden, erschüttern.

Phänomene zu beobachten und zu verknüpfen, ohne nach ihrem Ursprung oder ihrer Dauer zu fragen; sie halten als Gewebe fest genug, dass sich jedenfalls vorübergehend das Etikett »deutsch« aufkleben lässt, und wenn es abfällt oder abgerissen wird (von denen, die das Attribut »deutsch« nicht gelten lassen wollen), dann bleibt der Stoff doch erhalten, aus dem das verblüffend uniforme Gewand der Nation geschneidert ist.

Die Expeditionsteilnehmer, die nach unserer langen Nacht wieder frühmorgens auf dem Weg zum Hauptbahnhof sind – Obdachlose grüßen aus den Eingängen der Kaufhäuser, Tauben spritzen ihren Kot auf die Bürofassaden, eine erste Imbissbude verströmt ihre Currywurstdüfte –, werden nun allerdings nicht den Vortrag eines Textilingenieurs hören wollen, sondern vielmehr, wie sich Fortpflanzung, Herdenleben und Revierverhalten der Deutschen resümieren lassen oder ob diese, die bisher nur nebenbei erwähnt wurden, womöglich gar nicht näher bestimmbar sind. Doch, sind sie. Dazu haben wir uns aber auf der Expedition zunächst die Knoten angeschaut, mit denen die Mitglieder der Herde aneinandergebunden werden, mit denen der Zaun geflochten wird, der das Revier schützt, und mit denen der Faden geknüpft wird, der die Generationen verbindet und die Fortpflanzung bestimmter Ideen sichert.

Diese Knoten sind: erstens Natur und Natürlichkeitskult, inbegriffen Vorstellungen von Authentizität und Volkstümlichkeit, die ebenfalls naturähnlich gedacht werden; zweitens Heuchelei (es muss alles nicht wahr sein); drittens Tarnung von Unterschieden bei gleichzeitig heimlicher Pflege ebendieser; viertens, als Knoten aller Knoten, das Ideal der Gleichheit, dem sich alles fügen muss, wenn es nicht dem Verdikt des Elitären verfallen will, was einer Verstoßung gleichkommt.

Wie wird nun das *Herdenleben* damit organisiert? Vor allem damit, dass niemand sichtbar aus der Reihe tanzt (Tarnung), Ehrgeiz und Macht verleugnet werden (Heuchelei), weder Schönheit noch Begabung gesteigert werden dürfen (Natürlichkeit). Die unvermeidlichen Abweichungen werden auf diese Weise gleichzeitig so klein und so zahlreich gehalten, dass sie sich gegenseitig neutralisieren. Das Gewimmel ist der erwünschte Tod der Individualität. Im übrigen gibt es für den Fall der Fälle Disziplinierungsmittel, deren Erwähnung genügt – wie manchmal der Folterer nur seine Instrumente zeigen muss –, um den gewünschten Effekt zu erzielen. Der Vorwurf der Volksferne hat in der Vergangenheit genügend Opfer gezeitigt, dass er jetzt nur noch angedeutet werden muss; meist reichen Wörter aus dem semantischen Umfeld, kleine Warntafeln mit der Aufschrift »unverständlich«, »elitär«, »arrogant« und so weiter. Ähnlich lässt sich jeder Drang nach öffentlicher Prachtentfaltung schon durch ganz allgemein gehaltene Vorträge über die Umweltschädlichkeit von Luxusprodukten ersticken; die Hochzüchtung besonderer Begabung durch Hinweis auf Privilegien, die nicht jeder habe – insbesondere der implizite Hinweis auf Verletzung der Gleichheit ist auch bloß gemurmelt wirksam.

Die Göttin der Gleichheit[3] thront über allem. Sie verbietet alles und erlaubt alles, unter anderem die Zwangsmittel gegen Ungleiche.

Und damit sind wir bei Besetzung und Verteidigung des *Reviers*. Grundsätzlich sind alle[4] willkommen, nicht nur die im Revier Geborenen. Alle müssen aber ebenso wie die Eingeborenen darauf verzichten, ihre persönlichen oder kulturellen Eigenheit allzu sichtbar zu zeigen (Tarnung) und ihre womöglich stark abweichenden Ansichten offen zu äußern (Heuchelei). Mitgebrachte Kulte, die gegen das eingeborene Natürlichkeitsverständnis verstoßen – wie etwa Schächtung, Beschneidung, Ganzkörperverhüllung – werden toleriert, solange sie nicht eine öffentliche Debatte provozieren, die jähe Gegensätze in der Herde hervortreten lässt – zwischen Kulturrelativisten (alles Fremde hat sein Eigenrecht) und Menschenrechtsuniversalisten

---

3 Nicht der Gerechtigkeit wohlgemerkt. Die Gerechtigkeit könnte gebieten, Ungleiches ungleich zu behandeln; das ist nicht erwünscht.

4 Die Zahl ist, anders als oft behauptet, kein Problem. Sie spielt nur für jene Deutsche eine Rolle, die einer nationalistischen Sekte angehören und ihrerseits m Revier nur unter Auflagen geduldet werden.

(die auf Tierschutz, körperlicher Unversehrtheit und Frauenrechten beharren). Weil die neutrale Instanz fehlt (wie der laizistische Staat im französischen Revier), entgleisen solche Debatten leicht ins Kränkende und können dem Selbstgefühl der Zuwanderer schweren Schaden zufügen. Gleichheit für Ungleiche wird nicht gewährt.

Die *Fortpflanzung* der deutschen Sozialtechnik, die Kenntnis der Knoten, der Zwangsmittel, haben wir schon eingangs geschildert; es handelt sich um eine Art Ansteckung mit historischer Trockensubstanz, die selbst als Staubpulver auf alten Filmrollen, Büchern und so weiter noch hochinfektiös ist. Innere Ablehnung hilft nicht gegen die Ansteckung. Bemerkenswert ist auch, dass die Weitergabe der nationalen Identität nicht wie in anderen Ländern durch große rhetorische Gesten, lautes Beschwören von Gemeinsamkeit, öffentliche Rituale, sondern fast unsichtbar, im privaten, familiären Raum geschieht. Dort ist auch der zweite Infektionsweg zu finden: die Nachahmung von Eltern, Nachbarn, Fernsehgestalten. Das Ansteckungsrisiko bei Großveranstaltungen ist verschwindend gering. Klassisch, mit großem Gedonner, erfolgt nur die Feindbestimmung, meist in den Medien.

Ein viel größeres Geheimnis als die unsichtbare Weitergabe der Tradition birgt die *biologische Fortpflanzung* der Deutschen – insofern sie gegen jedes Prinzip in Herde und Revier verstößt, gewissermaßen nächtens alle Zwangsknoten löst und der großen Göttin Gleichheit eine Satansmesse liest. Hier wird heimlich, wie im neunten Kapitel geschildert, Diversität statt Uniformität produziert, damit aber gleichzeitig das soziale System stabilisiert, das andernfalls an seiner Gleichförmigkeit ersticken würde und auch keine abweichenden Individuen mehr hätte, denen es Zwangsmittel androhen könnte. Selbst einer Diktatur müssen Dissidenten geboren werden. –

Weiter wollen wir dem Deutschen hier nicht in die Kapillaren seines Gesellschaftslebens folgen; das haben wir schon auf unserem Besichtigungskurs zuvor getan. Wenn Sie also jetzt, im Lichte unseres Resümees, die Expedition noch einmal von vorne beginnen wollen ...

Im Wiederholungsfalle dürfte sich wahrscheinlich auch die Frage nach dem Verfallsdatum unserer Beobachtungen schneller beantworten als gedacht und die Befürchtung ausgeräumt werden, das Internet könne den deutschen Eigentümlichkeiten gefährlich werden. Die traditionell identitätssichernden Zwangsmittel der Gesellschaft werden sich auch übermorgen als genau jene Mittel erweisen, mit denen in den sozialen Netzmedien Einschüchterung und Anpassungsdruck erzeugt werden.

Was folgt noch aus dem Resümee? Unter anderem der schon erwähnte, gesteigert deutsche Charakter des links-alternativen Milieus. Es verfügt über alle wesentlichen Zwangsknoten in besonderem Maße – über das Dogma der Natürlichkeit (es ist gewissermaßen sein Herrschaftssitz), über die Heuchelei (versteht sich von selbst), über die Tarnfarben (die eine mehrheitlich bürgerliche Herkunft verbergen). Nur ob diese sich in der gewünschten Weise zum Ideal der Gleichheit summieren, kann als fraglich erscheinen. Halten sich die Grünen nicht doch für eine heimliche oder sogar wirkliche Elite, für die Avantgarde? Dieser Verdacht könnte ihnen noch zum Verhängnis werden, wenn nicht – (siehe die Heuchelei).

Und wie verhält sich das Knotenwesen zum Kitsch? So vieles ist ungesagt geblieben, vor allem über das Seelenleben der Deutschen – auch Herdentiere haben ein Seelenleben. Aber vor allem haben sie ein unbändiges Bedürfnis nach Kitsch, der ja so etwas wie das kollektive Destillat der Empfindungen ist, eine gemeinsame Gefühlsmahlzeit, das, was alle teilen können und deswegen nicht mehr individuell wahr ist und individuell schmerzen kann. Der Kitsch erfüllt auf ideale Weise alle Bedürfnisse der Deutschen nach Gleichheit (selbst im Innenleben) und nach Erlösung von etwaiger schuldhafter Absonderung. Darum lieben auch viele Intellektuelle den Kitsch,[5] da ruhen sie, nach ihren Ausflügen in die Eiseszone des Geistes, wieder am warmen Volkskörper.

---

5 Sie schreiben zum Beispiel gerne über den European Song Contest, dabei jede ästhetische Kritik vermeidend, ganz dem Geist des Positiven ergeben.

Manche, wie seinerzeit auch Heinrich Heine, halten Deutsche, nicht nur intellektuelle Deutsche, für geborene Außenseiter. Sicher ist, dass sie sich sehr davor fürchten, Außenseiter zu sein, und deswegen zu engen Gemeinschaften streben, auch die Aufsicht dieser Gemeinschaften nicht als drückend, sondern als tröstend empfinden, gleich jenen Säuglingen, die aufhören zu schreien, wenn man sie besonders fest einwickelt, eigentlich bedrohlich fest einwickelt, »pucken« nennt man das.[6] Auch der erwachsene Deutsche wird gerne gepuckt, ich weiß nicht, ob der Anblick des gepuckten Deutschen andere Nationen graust – es könnte sein.

Aber ganz gewiss ist ein Gesellschaftsleben, das so wenig Freiheit kennt und so wenig die Freiheit schätzt, nur durch dicke Polster – durch Wohlstand auszuhalten. Deswegen ist das Geld auch von allen Imperativen der Tarnung, der Unsichtbarkeit und Tabuisierung ausgenommen. Geld ist der einzig erlaubte Unterschied, was wahrscheinlich auch daran liegt, dass es die Menschen nicht vornehmer macht.

In einer absurden Verkehrung der realen Machtverhältnisse gilt Reichtum als volksnah – vielleicht weil er von jedermann verstanden wird –, aber alles, worüber auch Ärmere verfügen könnten, insbeson-

---

6 Das Wort ist neu, aber die Praxis alt, wenngleich seit dem 18. Jahrhundert in Verruf geraten. In England galt sie lange als typisch deutsche Barbarei, vielleicht sogar als Ursache des deutschen Zwangscharakters.

dere Bildung, Begabung, womögliche angeborene Vorzüge, als arrogant und elitär. Das macht die Lage der Armen um vieles bitterer als in anderen Ländern.[7] Selbst wenn sie im Vergleich vielleicht so arm gar nicht sind, haben sie doch das Geld weit nötiger, weil es andere Möglichkeiten, sich gegen die Zumutungen und den Druck der Mehrheitsgesellschaft zu wattieren, nicht gibt. Reichtum erlaubt es, sich fallen zu lassen; Reichtum verdeckt Schwäche, Unfähigkeit, Unbildung – Reichtum verdeckt die Dummheit, heißt es bei Horaz.

Der Dichter legte den Satz übrigens einem der legendären Superreichen seiner Zeit in den Mund – als naive Selbstoffenbarung, könnte man meinen. Er ist aber triumphierend gemeint, denn der Reiche fügt, an den Armen gerichtet, höhnisch hinzu: *Contendere noli* – denke nicht daran, es mir nachzumachen, das kannst du vergessen.

So vor zweitausend Jahren in Rom. Warum haben wir den Vers einer Besichtigung Deutschlands Anfang des 21. Jahrhunderts als Motto aufgezwungen? Offenen Hohn und Verachtung zu zeigen wird

---

7 Ihnen bleibt nichts als die Hoffnung, selbst reich zu werden. Daher die Verbitterung und das Ressentiment der Mittelschicht, die intelligent genug ist zu wissen, dass solche Hoffnung sich kaum je erfüllt. Daher der Opportunismus der Dümmeren, die bereit sind, dem Kapital als Lakaien zu jeder Schweinerei zu dienen, wenn nur die Aussicht besteht, wenigstens zum Silberdiener aufzusteigen. Manchmal werden sie allerdings auch Vorstandsvorsitzende.

man heute den Reichen, selbst Superreichen, nicht nachsagen können. Der Reichtum dient auch weniger dazu, Dummheit oder Einfalt zu verstecken; das ist gar nicht mehr nötig. Gefordert ist umgekehrt, den Reichtum hinter Einfalt zu verbergen, um ihm jeden Anschein von Überlegenheit zu nehmen.

Das macht die Sache natürlich nicht besser, nur undurchsichtiger. Man kann indes, weg von der Binnenschau, auch den Vorhang weiter aufziehen und den Horaz-Vers als Warnung an die Völker der Welt nehmen, dem deutschen Beispiel nicht nachzueifern. Nur der Reichtum des Landes verdeckt die Dummheit.

2020
zu Klampen Verlag
Röse 21 · D-31832 Springe
info@zuklampen.de · www.zuklampen.de
❦

Reihenentwurf: Martin Z. Schröder, Berlin
Satz: textformart, Göttingen
Gesetzt aus Baskerville Ten
Druck: CPI – Clausen & Bosse, Leck
❦

ISBN 978-3-86674-628-2
❦

Bibliographische Information der
Deutschen Nationalbibliothek:
Die Deutsche Nationalbibliothek
verzeichnet diese Publikation in der
Deutschen Nationalbibliographie;
detaillierte bibliographische Daten
sind im Internet abrufbar:
http://dnb.d-nb.de